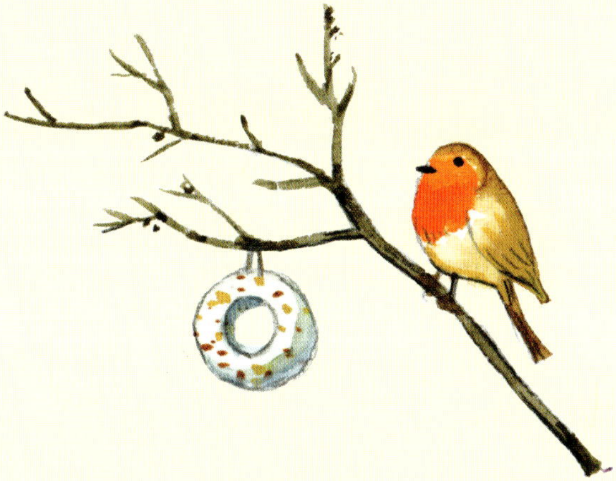

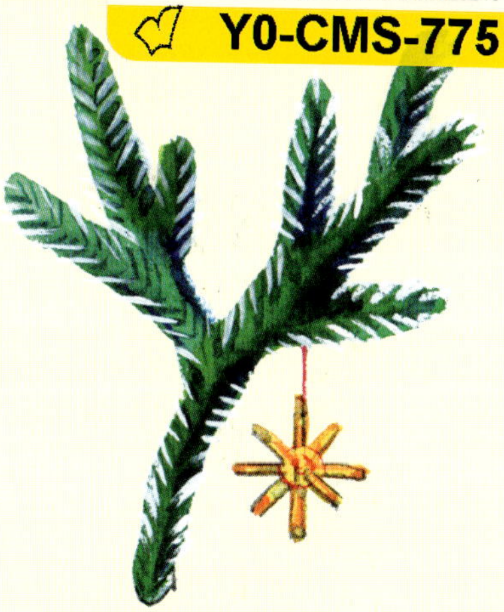

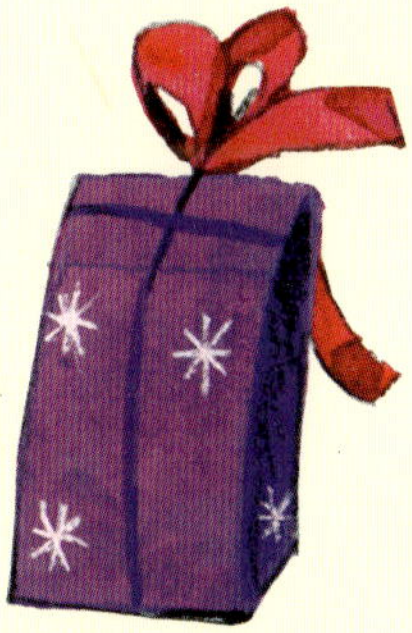

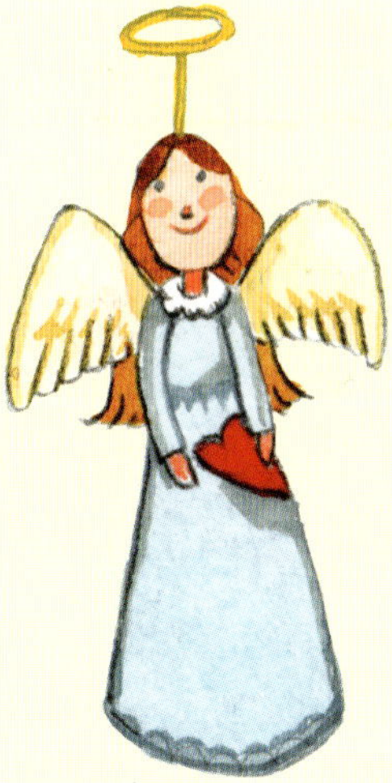

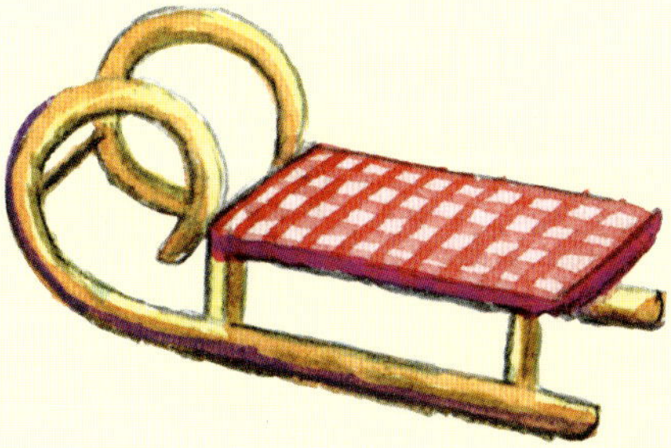

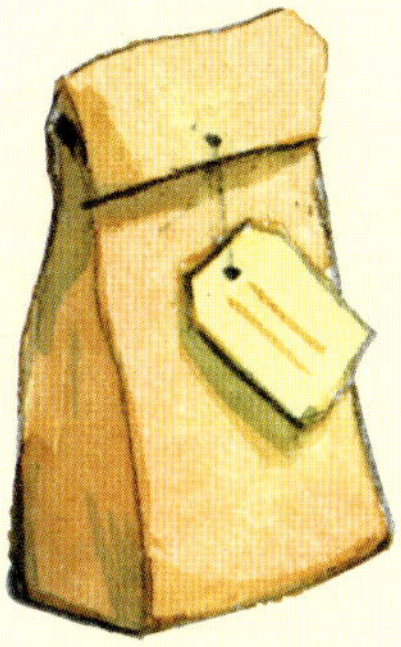

Informationen zu Karin Ammerer und ihren Büchern unter
www.ammerer.net

Steirische Weihnachtsgeschichten für Annika – Frohe Weihnachten 2016!

Lots of Love,
Goly & family

ISBN 978-3-7074-2018-0
1. Auflage 2016

Text: Karin Ammerer
Illustration: Bjarke

Gesamtherstellung: Imprint, Ljubljana

In der aktuell gültigen Rechtschreibung

© 2016 G&G Verlagsgesellschaft mbH, Wien
Alle Rechte vorbehalten. Jede Art der Vervielfältigung,
auch auszugsweise, gesetzlich verboten.
www.ggverlag.at

Karin Ammerer

Weihnachten mit Peter Rosegger

Die schönsten Erlebnisse aus der Waldheimat

Illustration und Buchschmuck von Bjarke

Inhalt

Vorwort   8
Der Bartl und der Nikolo   10
Als wir für Threserl Nikolo spielten   12
Die Tante und der Nikolo   16
Bratäpfel – ein himmlischer Weihnachtsgenuss   20
Als ich Christtagsfreude holen ging   22
Es wird scho glei dumpa   32
Weihnachten – das Fest der Liebe   34
In der Christnacht   38
Dem Anderl sein Tabakgeld   43
Das Christkind von Scharau   48
Lebkuchen verzieren   53
Das Weihnachtssingen   54
Das Weihnachtslied (Mein Himmelreich)   56
Der erste Christbaum in der Waldheimat   58
Der Christbaum   62
Christfest im Waldschulhaus   64
Zum Weihnachtsbaum   66
Strohsterne basteln   68
Weihnacht in Winkelsteg   70
Wünsche zum neuen Jahr   73

Über Peter Rosegger   74

Vorwort

Peter Roseggers Erzählungen aus der Waldheimat kennt bei uns in der Steiermark jedes Kind. Ich weiß noch, wie wir seine Geschichten in der Schule gelesen haben. Jetzt lernt unser Sohn Phillip ein Rosegger-Gedicht auswendig, und es ist drei, vielleicht vier Jahre her, dass unsere Tochter Nina in einem Weihnachtstheaterstück den kleinen Peter gespielt hat und Christtagsfreude holen ging.
Die Erlebnisse des Waldbauernbuben haben mich sehr berührt.
Die Bescheidenheit, die Freude an Kleinigkeiten, die tiefe Dankbarkeit konnte ich beim Lesen richtig spüren. Sie haben mich nicht selten nachdenklich gemacht.
Ich habe mir oft überlegt, ob heutzutage noch ein einfacher Christbaum, auf dem bloß ein paar Kerzen brennen, ein Kind so zum Strahlen bringt wie den Nickerl, Peters jüngsten Bruder.
In einer Zeit, wo vieles selbstverständlich ist, ist ganz wenig etwas Besonderes.
Peter Rosegger hat es selbst so wunderbar ausgedrückt: „Wie war ich reich, als ich arm war!"
Wenn man alles hat, worüber soll man sich da noch freuen?
Die Freude an kleinen Dingen spüren zu dürfen ist großer Reichtum.
Für die Kinder von heute ist die Sprache Peter Roseggers nicht mehr so leicht zugänglich. Aber die wunderbare Atmosphäre seiner Geschichten soll weitergetragen werden in die Gegenwart und auch Kindern im Vorlesealter nahegebracht werden.
Darum habe ich seine schönsten Weihnachtsgeschichten neu erzählt.

Ergänzt sind die Geschichten durch Weihnachtslieder, die schon zu Roseggers Zeit in seiner Heimat gesungen wurden, und durch weihnachtliche Basteleien.

Dass ich Peter Roseggers Erlebnisse neu erzählen durfte, macht mich stolz und dankbar. Ich möchte damit auch etwas weitergeben.
In zehn, zwanzig oder dreißig Jahren wird sich Ihr Kind wahrscheinlich nicht mehr daran erinnern, wie viele oder welche Geschenke es zu Weihnachten bekommen hat. Aber es wird sich an die aufgeregte Vorfreude erinnern, an den ersten staunenden Blick auf den Christbaum, das Geheimnisvolle rund um die Heilige Nacht und vor allem das Zusammensein voller Liebe. Denn darum geht es zu Weihnachten: Dass der Himmel unser Herz erreicht und uns im Innersten berührt.

Ich wünsche Ihnen strahlende Kinderaugen und gemütliche Vorlesestunden. Aber am meisten wünsche ich Ihnen, dass Sie den Zauber der Weihnacht spüren dürfen.

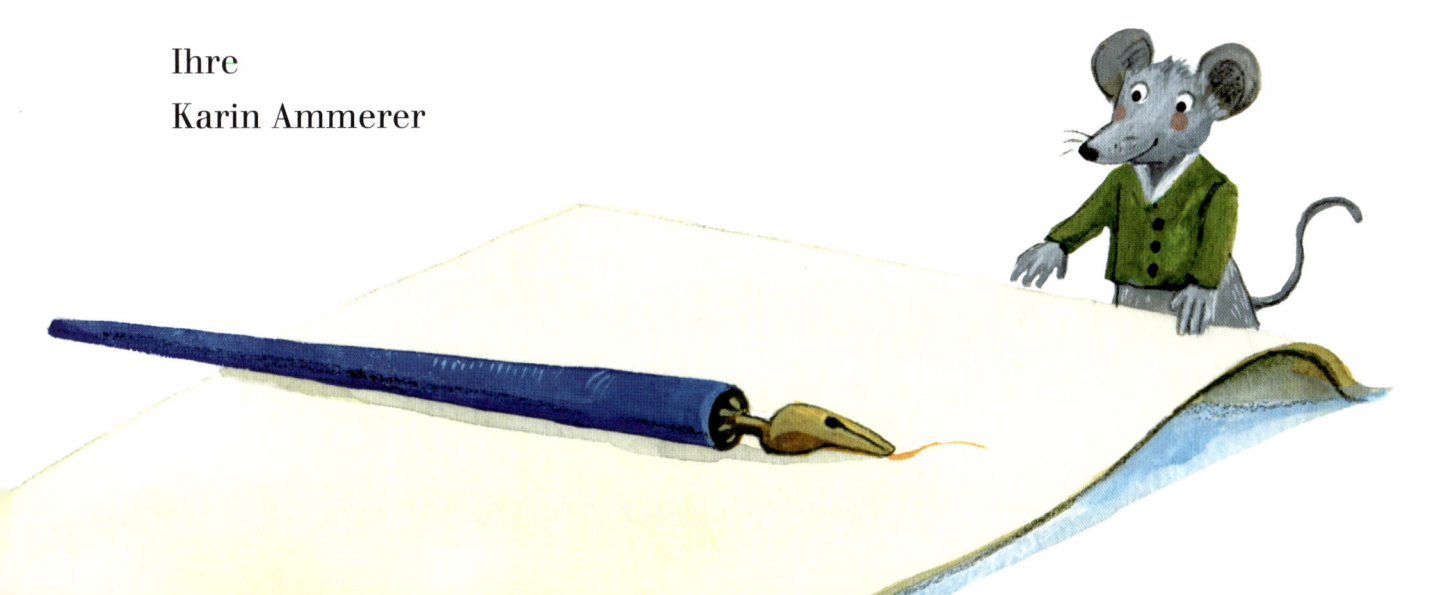

Ihre
Karin Ammerer

Der Bartl und der Nikolo

Am Nikolausabend, dem 6. Dezember, geht der Nikolo von Haus zu Haus und fragt die Kinder, ob sie auch schön brav gewesen sind. Und weil die Kinder wissen, dass der Nikolo kommt, bemühen sie sich schon seit Tagen, besonders lieb und artig zu sein.

Der Nikolo ist ein großer Mann mit schneeweißen Haaren und Bart. Für die braven Kinder hat er Äpfel, Nüsse und Zwetschken mit. Sein Begleiter, der Bartl, aber sieht aus wie der Teufel. Kohlschwarz ist sein Gesicht. Nur die Zunge ist rot. Der Bartl trägt einen Pelz und am Rücken eine Butte. Hörner hat er auch und die Kette hört man schon von Weitem rasseln. Die schlimmen Kinder will der Bartl in die Butte stecken.

Wenn der Bartl und der Nikolo ins Haus kommen, beten die Kinder oder sagen ein Gedicht auf. Und weil bei uns in der Waldheimat die Kinder meistens sehr brav sind, hat der Bartl nicht viel zu tun.
Der freche Lechner-Bub hat den Bartl einmal an den Hörnern gepackt und sie ihm mit der Maske heruntergerissen. Stell dir vor, unter der Bartl-Maske steckte unser Knecht! Wer hätte das gedacht?

Vor dem Schlafengehen stellt jedes Kind
seine frisch geputzten Schuhe zum Fenster.
Denn in der Nacht geht der Nikolo zu
den Häusern und füllt die Schuhe der
braven Kinder mit Lebkuchen, Obst und
Süßigkeiten.
Die schlimmen aber finden am nächsten
Morgen Steine und Tannenzapfen in
den Schuhen. Und obenauf liegt eine
Birkenrute.

Als wir für Threserl Nikolo spielten

Die Threserl war ein wirklich armes Kind. Sie hatte keine Mutter mehr und auch keine Großmutter. Die Threserl lebte bei ihrer Urgroßmutter, der alten Trauschin. Obwohl die schon weit über 80 Jahre alt war, ging sie oft von Haus zu Haus und sammelte Lebensmittel für sich und die Threserl. Am Abend ließen die beiden sich das Erbettelte dann schmecken.

Als die kleine Threserl sieben Jahre alt war, schickte die alte Trauschin das Kind in die Schule. Threserl sollte lesen, rechnen und schreiben lernen. So wurde sie meine Schulkollegin. Das Lernen fiel ihr aber gar nicht leicht. Im ersten Schuljahr lernte sie im ABC die Buchstaben bis zum K. Weiter kam sie nicht! Auch das Rechnen war schwierig. Eine ganze Woche lang erklärte ihr der Schulmeister, dass zwei mal zwei vier ist. Dann kam der Sonntag und am Montag fragte er die Threserl wieder.

„Zwei mal zwei ist …", überlegte sie.

„Zwei mal zwei ist vi…", half ihr der Schulmeister weiter.

Da sagte die Threserl doch glatt: „Zwei mal zwei ist viel!"

Ja, so war die Threserl. Aber wir mochten sie alle gerne, denn sie war nett und gutmütig und sie verpetzte niemals jemanden beim Schulmeister.

Einmal haben wir die Threserl überlistet. Es war am Tag des heiligen Nikolaus. Wir kamen am Morgen in die Schule und jeder zeigte stolz her, was der Nikolo in der Nacht gebracht hatte. Äpfel, Nüsse, Lebkuchen, Obstbrot und vieles mehr hatte er uns in die Schuhe gesteckt.
„Was hat dir der Nikolo gebracht, Threserl?", fragte dann einer.
Die Threserl war ganz erstaunt. Nichts, gar nichts hatte ihr der Nikolaus eingelegt.
Wir wollten unsere Schätze mit der Threserl teilen. Einer streckte ihr einen Apfel hin. Doch das Mädchen nahm ihn nicht an. Auch von den anderen nahm die Threserl nichts. Wir wunderten uns schon sehr.
„Threserl, sei so gut und hilft der Bäuerin!", sagte der Schulmeister.
„Die Hühner sind ausgebüchst und sie braucht jemanden, der ihr beim Einfangen hilft!"
Die brave Threserl ging sofort aus dem Schulzimmer.
Da nahm der Schulmeister den alten Zylinderhut von der Wand und sagte: „Wisst ihr, der Nikolo legt gerade bei den ärmsten Kindern nichts ein. Er denkt vielleicht,

dass sie von den guten, reicheren Kindern bestimmt etwas bekommen. Aber unsere Threserl, die mag nicht betteln."

Das verstanden wir. Erst vor kurzem hatte sie jemand als Bettlerin verspottet, weil ihre Urgroßmutter bei anderen Leuten um Essen bat.

„Bestimmt würde ihr das Obst schmecken!", meinte der Schulmeister.

„Und Lebkuchen hat sie sicher schon lange nicht mehr gegessen!"

Mit diesen Worten stellte er den Hut mit der Öffnung nach oben auf den Tisch. Wir wussten sofort, was zu tun war. Jeder von uns warf etwas von seinen Schätzen hinein: Lebkuchen, Nüsse, Äpfel und Birnen.

Der Hut war schnell voll. Mehr als voll sogar.

Nun nahm der Schulmeister den Hut und versteckte ihn hinter dem Ofen.

Bald danach hatte die Threserl alle Hühner eingefangen und setzte sich wieder still an ihren Platz.

„So, Threserl…", begann der Schulmeister. „Zeig uns einmal das A auf deiner Tafel!"

Angestrengt suchte die Threserl und zeigte dann auf den ersten Buchstaben.

„Sehr gut!", lobte der Schulmeister. Er ließ die Threserl auch noch das I suchen. Das dauerte eine Weile, aber sie fand es.

„Gut gemacht!", sagte der Schulmeister. „Sehr brav! Und braven Kindern bringt der heilige Nikolaus auch etwas. Ach, wenn wir nur wüssten, wo er es eingelegt hat!"

Die Threserl schaute sich suchend um.

„Na sowas!", meinte der Schulmeister plötzlich. „Ich glaube, die Katze hat sich schon wieder hinter dem Ofen versteckt! Threserl sei so gut und jage die Katze hinaus!"

Die Threserl kroch hinter den Ofen und staunte nicht schlecht. „Da ist etwas!", raunte sie ungläubig.

Der Schulmeister schmunzelte. „Das hat der Nikolo für dich eingelegt!", erklärte er und zog den Zylinder hinter dem Ofen hervor. „Schau nur, Threserl, das gehört alles dir!"

Die Threserl traute ihren Augen kaum. Gleich nach der Schule knusperte sie an einem Lebkuchen. Aber sie aß nicht viel. Nein, sie brachte ihre Schätze nach Hause zur alten Trauschin. Und ich bin mir ganz sicher, dass den beiden die Gaben vom heiligen Nikolaus ganz wunderbar geschmeckt haben!

Die Tante und der Nikolo

Der Micherl war ein lustiger Mann. Und schon als Kind muss er ein richtiger Lausbub gewesen sein. Einmal hat er doch tatsächlich den Nikolaus ausgetrickst. Jedenfalls hat er mir das selbst so erzählt.

Der Micherl hatte drei Brüder und eine Tante. Die Brüder waren alle ganz besonders brav und der Micherl … naja, der Micherl war, sagen wir mal, nicht ganz so artig wie seine Brüder.
Der Nikolausabend kam näher und immer näher. Aber der Micherl dachte gar nicht daran, sich besser zu benehmen. Er lutschte noch immer an seinen Fingern, bohrte in der Nase, zerriss seine Hosen und zerschlug beim Herumtollen sogar das Breitöpfchen.

Die Tante musste sich oft sehr über den Micherl ärgern. „Na warte nur!", sagte sie und hob drohend den Zeigefinger. „Du wirst schon sehen, was du davon hast!"

Und dann erklärte sie dem Micherl, dass der Bischof Nikolaus schlimme Buben gar nicht gerne möge.
Bestimmt würde sein Teller leer bleiben. Die guten Sachen würden bestimmt nur die braven Brüder bekommen.

Aber auch das beeindruckte den Micherl ganz und gar nicht. Er wollte sich in der Nacht auf die Lauer legen und dem Nikolo bei seiner Arbeit zuschauen.
Am Abend stellten die vier Buben ihre Holzteller auf den Tisch in der Stube.
Auf jeden Teller hatten sie mit Kreide den Namen des Besitzers geschrieben,
damit es nur ja keine Verwechslungen gab.
Dann gingen sie zu Bett und schnarchten bald friedlich vor sich hin.

Nur der Micherl war nicht gleich eingeschlafen. Er lag im Bett und schaute durch die Tür, die immer offen stand, gespannt in die Stube. Der Nikolo konnte jeden Moment kommen!
Plötzlich hörte der Micherl ein Knistern.

Im Lichtschein huschte jemand vorbei und er konnte ganz deutlich einen Schatten erkennen, so groß und bucklig wie die Tante.
Kurz darauf verschwand der Schatten wieder und alles war still.
Angestrengt lauschte der Micherl.
Als er sicher war, dass niemand mehr in der Stube war, stand er auf und schlich so leise wie möglich aus dem Zimmer. Im Mondschein konnte er die Teller erkennen. Doch was war das? Auf den Tellern der drei Brüder lagen haufenweise Äpfel, Lebkuchen und Nüsse. Nur sein eigener Teller war – leer!
Blitzschnell griff der Micherl zu. Er suchte sich von jedem Bruder die besten Geschenke aus und legte sie auf seinen Teller. Fast hätten die vielen Köstlichkeiten gar keinen Platz gehabt. Aber der Micherl wollte natürlich auf nichts verzichten und bald war sein Teller mehr als voll, viel voller als die Teller seiner Brüder.
Zufrieden nickte er und ging endlich schlafen.

Am nächsten Morgen standen die drei braven Brüder auf, wuschen sich und schlüpften in ihr Gewand. Nur der Micherl lag noch im Bett und tat, als wäre es ein Tag wie jeder andere.
„So, gleich werden wir sehen, wer von euch wirklich brav gewesen ist!", lachte die Tante. Sie war richtig gut gelaunt. Kein Wunder! Sie dachte ja, dass der Micherl gleich begreifen würde, dass er kein braver Bub war.

Aber dann gab es für die Tante eine böse Überraschung! Als sie mit den vier Buben vor den Tellern stand, traute sie ihren Augen nicht. Schon

wollte sie losschimpfen und klarstellen, dass der Nikolaus die Gaben anders verteilt hatte. Gerade noch rechtzeitig fiel ihr ein, dass sie das ja gar nicht wissen konnte. Die Buben hätten sofort durchschaut, dass sie und nicht der heilige Nikolo die Teller belegt hatte.
Was blieb der Tante da übrig? Sie musste gute Miene zum bösen Spiel machen und sagte nichts.

Der Micherl zeigte sich dann noch sehr großzügig. Er gab seinen Brüdern von seinen Reichtümern so viel ab, dass jeder gleich viel hatte. Sogar die Tante fand später ein großes Stück Lebkuchen auf ihrer Nachthaube.

Ach, übrigens … Im nächsten Jahr ist der Nikolo nicht mehr gekommen.

Bratäpfel – ein himmlischer Weihnachtsgenuss

Tipp: Bereite die Bratäpfel mit einem Erwachsenen zu. Das ist sicherer und macht mehr Spaß.

Das brauchst du für 4 Portionen:
4 Äpfel
2 Esslöffel gemahlene Haselnüsse
2 Esslöffel Rosinen
4 Teelöffel flüssigen Honig
ein bisschen Zimt

So wird es gemacht:

Wasche die Äpfel gründlich und trockne sie gut ab. Entferne nun das Kerngehäuse der Äpfel mit einem Apfelausstecher. Lege ein Backblech mit Backpapier aus und stelle die Äpfel darauf.

Vermenge die Nüsse mit den Rosinen und dem Honig in einer Schüssel zu einer Masse. Gib noch ein bisschen Zimt dazu.

Fülle die Masse in die Äpfel.

Schiebe das Blech in das vorgeheizte Backrohr und lasse die Äpfel bei 200 Grad ca. 20–25 Minuten backen.

Die Bratäpfel kannst du mit Vanilleeis, Vanillesauce oder auch Schokosauce servieren.

Und schon könnt ihr euch die Bratäpfel schmecken lassen!

Als ich Christtagsfreude holen ging

Ich muss elf oder zwölf Jahre alt gewesen sein, als mein Vater mich in aller Früh wachrüttelte. Es war der Heilige Abend und meine sechs jüngeren Geschwister lagen noch in ihren Bettchen, die an der Wand standen, und schliefen tief und fest. Kein Wunder! Draußen war noch finstere Nacht. Die Mutter half mir beim Anziehen und bald saß ich ganz verschlafen am Tisch in unserer Bauernstube und löffelte die Frühsuppe.

„Hör mir zu, Peter!", sagte mein Vater. „Du musst hinuntergehen nach Langenwang. Nimm einen leeren Sack mit, denn du wirst viel heimtragen müssen. Einen Stecken nimmst du auch mit und die Laterne. Pass gut auf! Es liegt viel Schnee und die Wege sind vereist! Geh zum Holzhändler Spreitzegger in Langenwang. Den kennst du ja, nicht wahr, Peter?"
Müde nickte ich. Den Spreitzegger, ja, den kannte ich.
„Der ist mir noch immer das Geld für den Lärchbaum schuldig!", erklärte der Vater. „Klopfe höflich an und sage ihm, dass ich ihn um das Geld bitten lassen. Zwei Gulden und sechsunddreißig Kreuzer sind es! Und nimm den Hut ab, wenn du in das Zimmer gehst!"
Wieder nickte ich. Mit dem Geld vom Spreitzegger sollte ich beim Kaufmann Doppelreiter Semmelmehl, Rindschmalz und Salz kaufen.

„Mehl, Schmalz und Salz?", mischte sich nun die Mutter ein. „Daraus soll ich ein Christtagsessen zaubern? Peter, bring auch noch Germ mit,

Weinbeerln, Zucker, Safran und Neugewürz. Ach ja, und Semmeln brauche ich auch!"

Der Vater seufzte. „Gut, kauf das alles. Und wenn du nicht genug Geld hast, bitte den Kaufmann Doppelreiter, dass er es aufschreibt. Zu Ostern bekomme ich das Geld für die Holzkohle. Da zahle ich den Rest!"

Kurz vor fünf Uhr Früh machte ich mich dann auf den Weg nach Langenwang. Den Sack hatte mir der Vater umgebunden. In der einen Hand hielt ich den Stecken, in der anderen die Laterne mit der brennenden Kerze. So marschierte ich durch den tiefen Schnee. Nach einer langen Wanderung kam ich endlich ins Tal. Von der Landstraße her hörte ich das Schlittengeschelle.

In Langenwang ging ich als Erstes zur heiligen Messe in die Kirche. Der Mesnerbub war krank und der Schulmeister teilte mich gleich als Gehilfen ein. Ich sollte den Blasbalg der Orgel ziehen. Was war ich stolz! Nach der Messe kniete ich mich vor ein Heiligenbild und betete, dass alles gut geht. Immerhin hatte ich wichtige Aufgaben zu erfüllen.

Zuerst musste ich beim Holzhändler Spreitzegger die Schulden eintreiben. Fast hätte ich ihn verpasst. Nur durch einen Zufall erwischte ich ihn noch. Ich wollte nämlich gerade bei der vorderen Tür eintreten, da dachte ich mir: „Nur die reichen Herren gehen durch die vordere Tür! Peter, du bist ein armer Waldbauernbub. Arme Leute gehen durch die hintere Tür!"

Tja, und genau da traf ich auf den Spreitzegger. Ich glaube, dass er mich durch das Fenster gesehen hat und schnell durch die Hintertür verschwinden wollte. Jedenfalls war er ziemlich verlegen, als er mich sah.

„Ja, Bub, dir ist sicher kalt!", sagte er und wollte sich schon an mir vorbeidrängen. „Geh ruhig hinein und wärme dich ein bisschen auf!"

„Mir ist nicht kalt!", entgegnete ich. „Mein Vater, der Waldbauer, lässt um das Geld bitten!"

„Ums … ums Geld? Ach ja, genau!", stotterte der Spreitzegger. „Da lass ich deinen Vater schön grüßen und wünsche ihm frohe Weihnachten! Nach den Festtagen komme ich hinauf zu ihm und bezahle!"

Aber so leicht ließ ich mich nicht abwimmeln. Ich erklärte dem Spreitzegger, dass ich die Sachen für das Christtagsessen kaufen müsse und auf keinen Fall mit einem leeren Sack heimkommen könne.

Da kramte der Spreitzegger in seiner Brieftasche und drückte mir schließlich einen Gulden in die Hand.

„Mehr hab ich nicht!", brummte er und ging schnell davon.

Mit dem Gulden ging ich zum Kaufmann Doppelreiter. Ich wusste natürlich, dass das Geld nie und nimmer reichen würde. Trotzdem kaufte ich alles, was die Mutter bei mir bestellt hatte: Semmelmehl, Rindsschmalz, Salz, Germ, Weinbeerln, Zucker, Safran, Neugewürz. Der Herr Doppelreiter wog alles ab und verpackte es in Päckchen und Tüten. Dann band er alles zu einem Paket zusammen, damit ich es leichter tragen konnte.

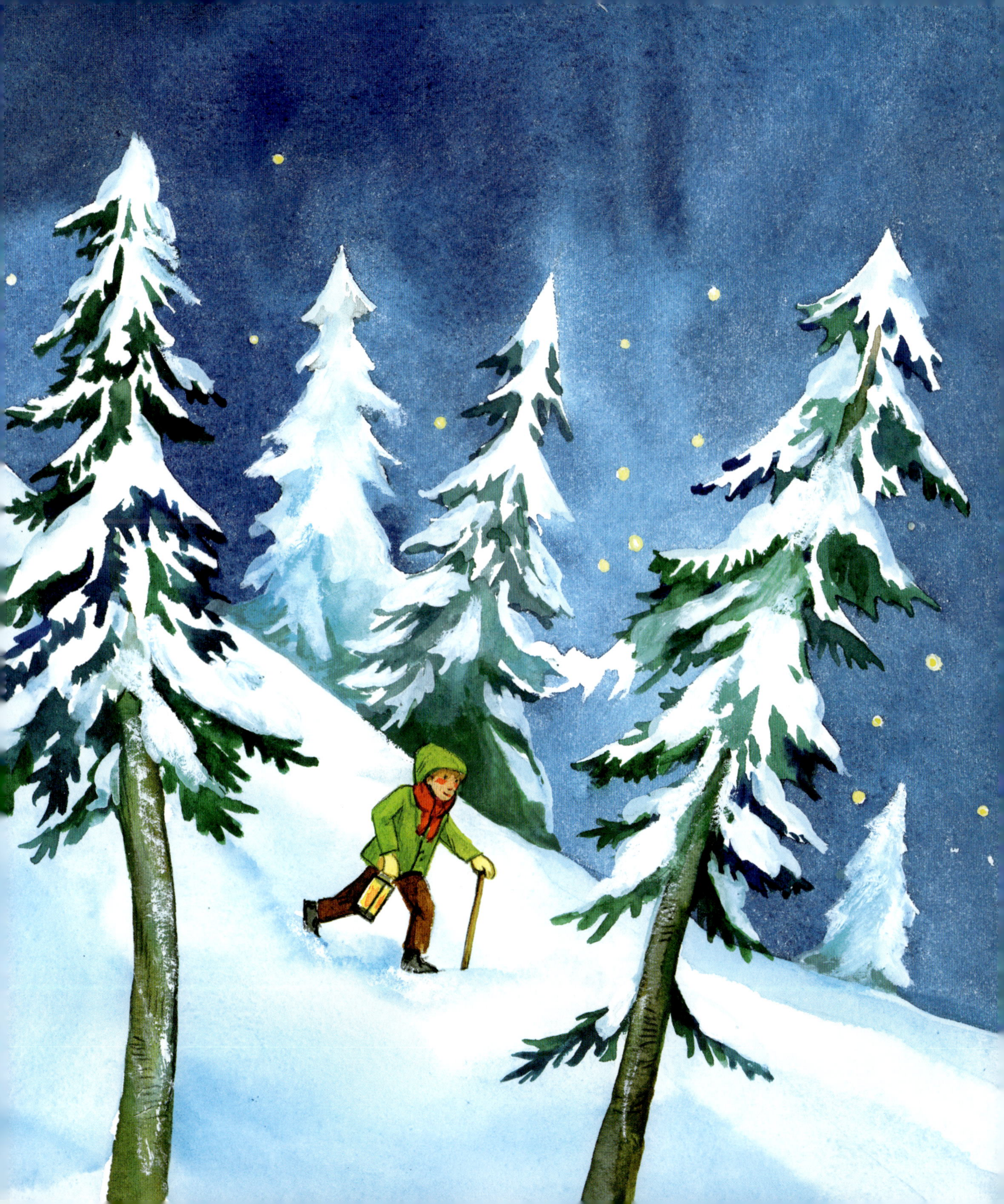

„Das macht drei Gulden und 15 Kreuzer!", sagte Herr Doppelreiter, als er alles zusammengerechnet hatte.

Ich legte dem Kaufmann mein Geld hin und meinte: „Da ist einmal ein Gulden. Den Rest bezahlt mein Vater, der Waldbauer in Alpl, zu Ostern!"

„Zu Ostern?", murrte der Doppelreiter. „In welchem Jahr?"

Doch die Frau Doppelreiter kam mir rasch zu Hilfe. „Lass ihm die Sachen nur!", meinte sie. „Der Waldbauer hat bis jetzt noch immer bezahlt!"

„Ja, ja!", brummte der Kaufmann.

In dem Moment fielen mir die Semmeln wieder ein. Die hatte ich ganz vergessen.

„Kann ich vielleicht auch noch fünf Semmeln haben?", fragte ich also.

„Semmeln bekommst du beim Bäcker!", antwortete der Doppelreiter. Das wusste ich natürlich. Aber ich hatte noch nie gehört, dass man auch beim Bäcker etwas aufschreiben lassen kann. Bestimmt musste ich die Semmeln gleich bezahlen.
Ich erzählte der Frau Doppelreiter, dass ich leider gar kein Geld mehr hatte. Und sie – die herzensgute Frau! – gab mir einfach so zwei Groschen, damit ich beim Bäcker Semmeln kaufen konnte. Nicht nur das! Für den Nachhauseweg steckte sie mir auch noch gedörrte Zwetschken zu. „Zum Naschen!", sagte sie.

Kurz danach wanderte ich schwer bepackt mit den vielen Köstlichkeiten Richtung Alpl. In den Häusern wurde gebacken, gebraten und alles für den Heiligen Abend vorbereitet.

Und ich? Ich freute mich auf das gute Christtagsessen. Die Mutter kann nämlich wirklich gut kochen. Da läuft einem schon das Wasser im Mund zusammen, wenn man nur daran denkt.
Ein Schwein ist ja auch geschlachtet worden. Speck wird es geben, Würstl und Knödelfleisch. Krapfen, Zuckernudeln und Schmalzkoch mit Weinbeerln. Das wird ein Festmahl!

Die Reichen in Langenwang haben so etwas jeden Tag. Da ist auch ein Christtagsessen nichts Besonderes. Aber bei uns gibt es das nur einmal im Jahr! Deshalb schmeckt es uns wahrscheinlich sogar noch besser als den Reichen.

Ich freute mich auf das gute Essen, auf das Christkind und das heilige Fest. Wenn ich erst zuhause war, wollte ich aus der Bibel vorlesen.
Die Mutter und Mirzel, die Magd, werden Weihnachtslieder singen und um zehn Uhr werden wir alle gemeinsam zur Christmette nach Sankt Kathrein gehen.
Aber noch lag ein weiter Weg vor mir. Mein Bündel mit all dem guten Essen wurde immer schwerer und schwerer.

Zu Mittag machte ich eine kurze Rast. Mein Magen knurrte schon.
Ich setzte mich auf eine Bank und aß eine Semmel und ein paar gedörrte Zwetschken.
Gestärkt und mit frischen Kräften ging ich dann weiter.
Doch schon bald merkte ich, dass jemand hinter mir war – der grüne Kilian. Der grüne Kilian war ein seltsamer Geselle, ein bisschen unheimlich sogar. Ich hatte noch nichts Gutes über ihn gehört.
„Willst du dein Bündel in meinen Buckelkorb geben?", fragte der grüne Kilian. „Dann trage ich es ein Stückchen für dich!"

Kaum hatte ich meinen Einkauf in den Korb vom grünen Kilian gelegt, wurde er immer schneller.
„Herr Kilian!", rief ich. Aber der grüne Kilian machte noch schnellere Schritte und der Abstand zwischen uns wurde immer größer.
Ich begann zu laufen und versuchte, ihn einzuholen. „Herr Kilian!"
Ich musste irgendwie mit dem grünen Kilian Schritt halten.
Was sollte ich nur tun? Er durfte mich auf keinen Fall abhängen!

Vor uns tauchte plötzlich ein Schlittengespann auf, das zwei graue Ochsen zogen. Es war der Grabler Hansel, der Kohlenführer.

So laut ich konnte, rief ich ihm zu:
„Hansel! Hansel! Bitte sei so gut und
leg mir meine Christtagssachen auf deinen
Schlitten! Der Kilian hat sie in seinem Korb!
Er soll sie dir bitte geben!"
Meine Stimme muss ziemlich ängstlich
geklungen haben. Denn der Hansel verstand
sofort. Er sprang von seinem Schlitten
und stellte sich dem grünen Kilian in den Weg.
Dem blieb nichts anderes übrig,
als mein Bündel aus seinem Buckelkorb zu holen
und es dem Hansel zu geben.
Dann verschwand er, so schnell er konnte.

Der Hansel nahm mich auf seinem Schlitten mit bis nach Alpl.
An der Weggabelung ließ er mich aussteigen.
Nun musste ich noch den steilen Berg hinauf.
Es begann zu dämmern und zu schneien, aber irgendwann
kam ich dann doch zuhause an.

Die Mutter stand am Herd und kochte. „Hast du alles?", fragte sie mich.
Ich nickte stolz.
„Brav bist!", lobte mich die Mutter. „Und hungrig wirst du auch sein!"

Da hatte sie recht! Die Mutter zog mir die gefrorenen Schuhe von den Füßen und ich setzte mich zum Essen in die warme Stube.

An mehr kann ich mich seltsamerweise nicht mehr erinnern.
Ich weiß nur noch, dass ich gut ausgeschlafen in meinem warmen Bett aufwachte und die Morgensonne zum Fenster hereinlachte.

Es wird scho glei dumpa

Es wird scho glei dumpa, es wird scho glei Nocht,
Drum kim i zu dir her, mei Heiland, auf d'Wocht.
Will singan a Liadl, dem Liabling dem kloan,
Du mogst jo ned schlofn, i hear di nur woan.
Hei, hei, hei, hei!
Schlaf siaß, herzliabs Kind!

Vergiss hiaz, o Kinderl, dein Kummer, dei Load,
dass d' doda muaßt leidn im Stall auf da Hoad.
Es ziern ja die Engerl dei Liegerstatt aus.
Möcht schöna ned sein drin im König sein Haus.
Hei, hei, hei, hei!
Schlaf siaß, herzliabs Kind!

Ja Kinderl, du bist halt im Kripperl so schen,
mi ziemt, i kann nimmer da weg von dir gehn.
I wünsch dir von Herzen die siaßeste Ruah,
die Engerl vom Himmel, die deckn di zua.
Hei, hei, hei, hei!
Schlaf siaß, herzliabs Kind!

Mach zua deine Äugal in Ruah und in Fried
und gib ma zum Abschied dein Segn no grad mit!
Oft werd ja mei Schlaferl a sorgenlos' sein,
oft kann i mi ruahli aufs Niederlegn gfrein.
Hei, hei, hei, hei!
Schlaf siaß, herzliabs Kind!

Dieses ursprünglich aus Tirol stammende Lied wurde und wird in der Steiermark viel gesungen.

Weihnachten – das Fest der Liebe

Ich liebte meine Eltern sehr und ich weiß, dass meine Mutter mich liebte. Der Vater liebte mich bestimmt auch, aber er konnte es nicht so zeigen wie die Mutter. Er war oft sehr streng und es gab so manches Donnerwetter.
Gut, ich gebe es zu! Ich war manchmal schon ein richtiger Lausbub. Ich glaube, ich reizte den Vater sogar absichtlich. Ein Donnerwetter war mir lieber, als wenn er gar nicht mit mir sprach.

Einmal war der Vater richtig wütend, ausgerechnet zur Weihnachtszeit. Es war am Christabend. Der Vater hatte sich im Sommer in Mariazell ein schwarzes Kreuz mit einem Christus aus Blei gekauft. Wie einen Schatz bewahrte er es auf und nahm es erst am Christabend aus dem Kasten. Stolz stellte er es auf unseren kleinen Hausaltar.
Als ich allein im Raum war, nahm ich das Kreuz und setzte mich damit in die Ecke, hinter den Ofen. Ich nahm mein Taschenmesser und zerlegte das gute Stück in seine Einzelteile. Die Leiter montierte ich ab, die Zange und den Hammer, den Hahn von Petrus und natürlich auch den Christus. Das fand ich sehr interessant. Dann wollte ich alles wieder zusammenbauen, aber irgendwie wollte das nicht gelingen. Mir wurde angst und bange. Der Vater würde bestimmt furchtbar böse sein. Ich musste mir etwas einfallen lassen.
Schnell verbog ich dem Christus Arme und Beine und legte ihn in das Nähkörbchen der Mutter. Das leere Kreuz versteckte ich im Stroh, das im Elternbett lag.

Doch der Vater bemerkte sofort, dass etwas fehlte, und die Mutter entdeckte schließlich den verbogenen Christus.
„Wer war das?", fragte der Vater.
Ich senkte meinen Kopf und hätte mich am liebsten in Luft aufgelöst. Ich machte mich auf ein riesiges Donnerwetter gefasst. Doch der Vater sagte nur: „Nicht einmal Christus ist vor dir sicher! Das muss bestraft werden!"

Der Vater nahm seinen Hut und ging hinaus in die Kälte.
„Er schneidet Birkenruten ab!", sagte die Mutter. „Lauf ihm nach und entschuldige dich!"
Aber das konnte ich nicht. Wie versteinert stand ich da und starrte auf das zerlegte Kreuz.

Als der Vater mit der Rute zurückkam, war ich spurlos verschwunden.
„Wo ist der Bub?", rief er zornig. Gemeinsam mit der Mutter suchte er das ganze Haus ab. Die Knechte schauten in den Futterkrippen nach und durchsuchten das Heu und das Stroh in den Scheunen.
Ich hatte mich im Uhrkasten versteckt. Dort stand ich nun und wagte es kaum, zu atmen.
„Ich weiß nicht, wo wir noch suchen sollen!", sagte der Vater. Meine Mutter begann fürchterlich zu weinen. „Wenn er hinausgelaufen ist … und …

und sich im Wald verlaufen hat …", schluchzte sie. „Oder unter dem Schnee liegt! Seine Jacke und der Hut sind da … Ich mag gar nicht daran denken!"
„Sei still!", befahl der Vater. „So etwas will ich nicht hören!"

Die Mutter packte meine warmen Sachen zusammen. Sie wollte noch einmal nach mir suchen. Der Vater blieb allein in der Stube. Er kniete nieder und begann zu beten.

Mir tat alles so furchtbar leid! Da begann der Vater plötzlich bitterlich zu weinen. Sein großer, starker Körper bebte.
Es brach mir das Herz, ihn so zu sehen. Und viel schlimmer noch: Alles war meine Schuld.

Ich stieß einen lauten Schrei aus. Die Eltern liefen rasch zum Uhrkasten und befreiten mich aus meinem Versteck. Ich lag am Boden und umklammerte die Knie des Vaters.
„Mein Vater! Mein Vater!", weinte ich.
Er hob mich zu sich hinauf und drückte mich fest an sich.

So hielten wir einander fest und ich wusste, wie unendlich lieb mich der Vater hatte.

In der Christnacht

Je näher der Heilige Abend kam, umso unruhiger wurde es bei uns im Hause. Es gab ja auch viel zu tun. Die Knechte machten die Ställe besonders sauber. Sogar die Ochsen wurden gestriegelt, damit ihr Fell schön glänzte.

Im Haus wurde gewaschen, geputzt und gescheuert. Alles sollte blitzblank sein für das Christkind.

Im Advent spannen meine Mutter und die Großmutter abends Wolle und Flachs. Dabei erzählten sie uns alte Märchen oder wir sangen gemeinsam.

Als dann Heiliger Abend war, hatte das Putzen ein Ende. Es wurde still im Haus.

Zu Mittag setzten wir uns in der Küche zusammen und aßen gemeinsam. Am Abend sang die Mutter ein Hirtenlied. Die Mägde legten unsere Sonntagskleider heraus und in der Küche prasselte das Feuer. Gegen 21 Uhr ging ich mit den Knechten und Mägden in die Kirche.

Der Großknecht zeigte mir die Krippe und ich kam
aus dem Staunen gar nicht mehr heraus.
Jeder Kirchenbesucher hatte eine Kerze mitgebracht und bald war
die ganze Kirche hell erleuchtet. Die Orgel spielte, Geigen, Trompeten
und Pauken stimmten mit ein. Es war ein ganz besonderes Gefühl.
Nach der Messe wollte ich mich wieder an der Jacke unseres
Großknechts festhalten, damit ich ihn nicht verliere. Doch er war
nicht mehr da! Ich schaute mich um, aber überall standen nur fremde
Menschen.
„Bestimmt ist er schon vorausgegangen!", dachte ich mir. Also lief ich
schnell aus der Kirche, um ihn einzuholen. Ich lief durch den Wald,
über Felder und an Häusern vorbei. Nur den Großknecht holte ich nicht
mehr ein. Mir wurde heiß und kalt zugleich.

Überall sah ich Gespenster und unheimliche Gestalten. Ja, ich
weiß, dass es nur Sträucher und Bäumchen im Nebel waren. Aber
gruselig war es trotzdem! Ich musste an die Mooswaberl denken. Die
Mooswaberl war eine seltsame Frau, die oft durch den Wald marschierte
und Moos und Kräuter sammelte. Sie zog von einem Bauernhof zum
anderen und versuchte, das Gesammelte zu verkaufen. Gab man ihr
weder Geld noch etwas Essbares, schimpfte sie ganz fürchterlich. Wir
Kinder hatten große Angst vor der Mooswaberl. Als ich einmal nach
einem Streit einfach aus dem Haus lief und mich im Wald versteckte,
rief mir die Großmutter nach: „Na, warte nur! Dich wird gleich die
Mooswaberl erwischen!"

Und nun war ich hier ganz allein in der Dunkelheit und hoffte, dass die Mooswaberl nicht irgendwo lauerte. Ich beschloss, nach Hause zu gehen. Der Schnee knirschte unter meinen Schuhen. Immer wieder sank ich ein. Ich zwängte mich durch Gestrüpp und Geäst.

Die Äste bogen sich unter der weißen Last. Hin und wieder fiel ein Schneeklumpen rauschend zu Boden und erschreckte mich fast zu Tode. Ich hatte mich verirrt!

Auf einmal stand ich vor einem Abgrund. Im Mondschein fand ich eine Stelle, wo ich langsam hinabklettern konnte. Fast wäre ich abgestürzt. Gerade noch konnte ich mich an einer Wurzel festhalten. Müde und erschöpft setzte ich mich in den kalten Schnee.

Ach, wenn doch jetzt nur ein Reh vorbeikommen würde. Dann würde ich es nach dem Weg fragen. Jedes Kind weiß, dass Tiere in der Christnacht sprechen können.

Ich versuchte, wieder hinaufzuklettern. Aber ich rutschte ab und fand in dem Geröll keinen Halt. Die Hände taten mir weh und die Füße noch mehr. Verzweifelt rief ich nach dem Großknecht. Keine Antwort. Ich rief nach den Eltern, nach der Großmutter und allen Mägden und Knechten. Nichts!

Ich begann bitterlich zu weinen und betete zum Christkind. Dann hatte ich auch dafür keine Kraft mehr. Ich kauerte mich an einen Stein und wollte nur noch schlafen.

Plötzlich hörte ich ein Knistern im Gebüsch über mir und ich fühlte, dass mich jemand packte und aufhob. Ich hatte so große Angst, dass ich die Augen fest zusammenkniff.

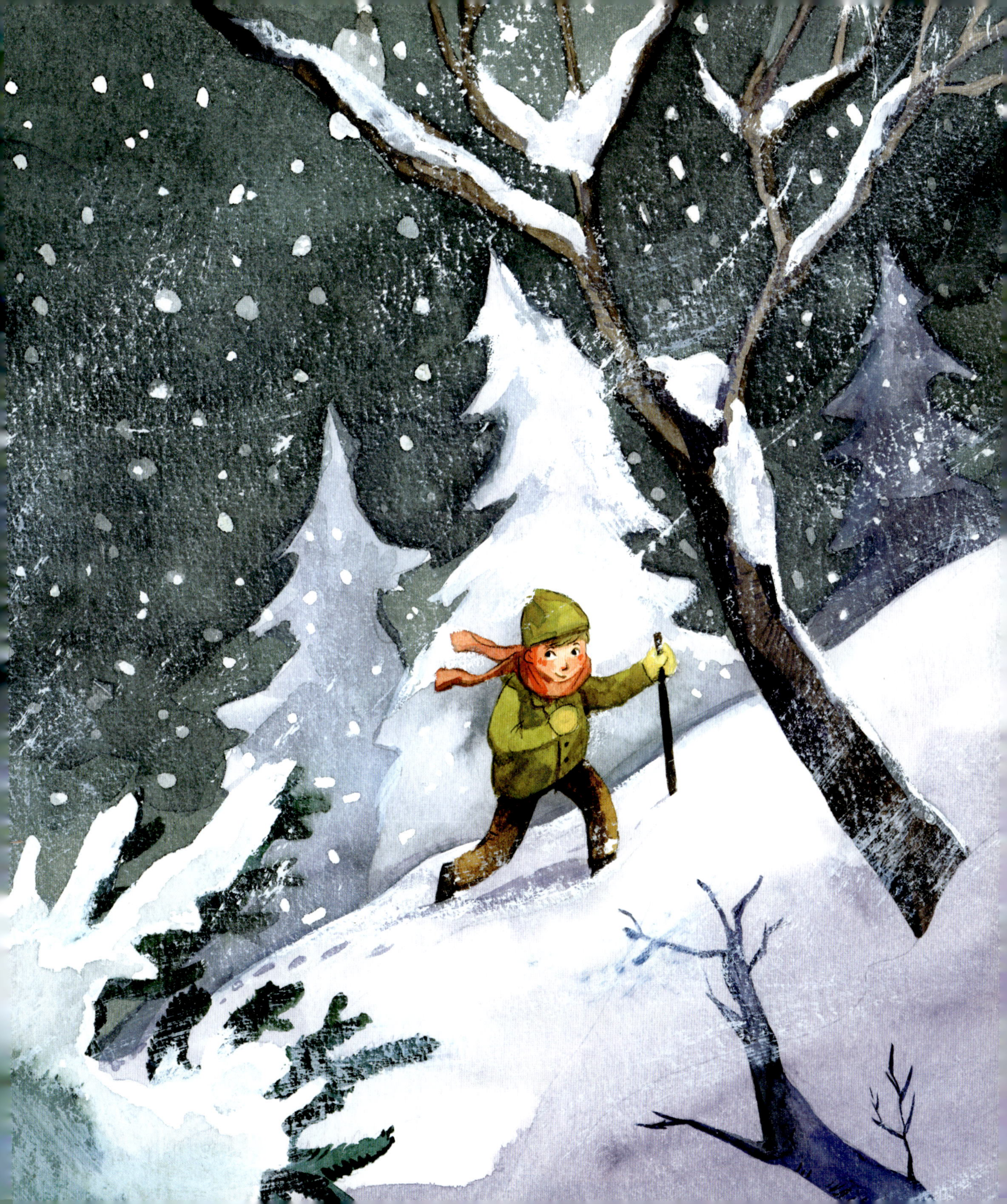

Als ich wieder zu mir kam, war es noch immer finstere Nacht. Aber ich stand an der Wand unseres Hauses. Der Hund bellte laut. Jemand klopfte an die Tür und verschwand in der Dunkelheit. Die Mooswaberl! Die Großmutter öffnete die Tür und stürmte auf mich zu. Sie brachte mich rasch in die warme Stube.

Alle, alle suchten nach mir. Nur die Großmutter war zuhause geblieben. Die anderen durchforsteten den Wald, seit der Großknecht alleine nach Hause gekommen war. Die Mutter war ganz heiser, weil sie immer wieder meinen Namen gerufen hatte.

„Wie bist du denn nach Hause gekommen, Bub?", fragte der Vater. Doch das wusste ich selbst nicht ganz genau. Ich erzählte von der Kirche, von meinem Marsch durch den Wald und davon, dass ich mich verirrt hatte. Und ich erzählte von der Mooswaberl, die mich gerettet hatte.

Am nächsten Vormittag ging der Vater in die Kirche. Da saß die Mooswaberl auf dem Friedhof und zitterte. Der Vater nahm sie mit nach Hause, gab ihr zu essen und ließ sogar die Kammer für sie richten. Von da an wohnte die Mooswaberl bei uns. Natürlich fragten wir sie auch, was in dieser Nacht genau passiert war. Sie antwortete: „Ich habe im Wald nur das Christkind gesucht!"

Dem Anderl sein Tabakgeld

Der Anderl war ein armer und kranker Mann. Früher, da war er ein reicher Bauer gewesen. Nun hatte er sein ganzes Hab und Gut verloren und rühren konnte er sich auch nicht mehr richtig. Die Bauern versorgten ihn abwechselnd, gaben ihm zu essen und ließen ihn bei sich schlafen.

Als er wieder einmal bei uns untergebracht war, fragte mich der Anderl: „Peter, heute ist der heilige Christtag. Da gehst du doch bestimmt in die Kirche, oder?" Ich nickte.

„Dann sei so gut und kaufe für mich drei Päckchen Tabak!", bat der Anderl. Das Pfeiferauchen war nämlich die einzige Freude, die er noch hatte. Der Anderl drückte mir einen Silberzwanziger in die Hand.

Ich machte mich auf den Weg in die Kirche und kam gerade noch rechtzeitig zum Rosenkranzbeten. Beim Hochamt erklangen Pauken und Trompeten. Rund um den Altar erstrahlten unzählige Kerzen. Ich kam aus dem Staunen gar nicht mehr heraus. Es gab ja so viel zu sehen! Plötzlich standen die Leute alle auf und gingen nach vorne zum Hochaltar. „Der Opfergang!", schoss es mir durch den Kopf.

An den hohen Festtagen war es üblich, dass die Kirchenbesucher zum Altar gingen und vor dem Pfarrer Geld auf einen Zinnteller legten. Dabei bat man um eine gute Ernte, Gesundheit oder Segen. Ich war natürlich schon öfter bei Opfergängen dabei gewesen. Mein Vater hatte mir immer ein paar Kreuzer zugesteckt, die ich dann stolz auf den Teller gelegt hatte. Aber ausgerechnet heute hatte ich nicht daran gedacht! Auch ich war mit den anderen aufgestanden, um nach vorne zu gehen. Hektisch suchte ich nun in sämtlichen Taschen nach Geld. Irgendwo musste doch wenigstens ein Kreuzer sein! Ein Pfennig! Oder wenigstens ein Knopf! Aber ich fand nichts …
Das Einzige, das ich bei mir hatte, war der Silberzwanziger vom Anderl. Was sollte ich nur tun? Umdrehen und mich einfach wieder hinsetzen? Die anderen hätten bestimmt den Kopf geschüttelt oder mich ausgelacht. In der Reihe bleiben und dann einfach am Teller vorbeigehen? Nein, das ging auch nicht. Der Pfarrer stand ja direkt daneben und hätte das gesehen.
Da stieß ich unseren Nachbarn, den Veitelbrunner, an: „Kannst du mir bitte einen Kreuzer borgen?"

„Du bist ja ganz ein Schlauer!", flüsterte der Veitelbrunner zurück. „Geld willst du opfern, das nicht einmal dir gehört? Nicht mit mir!"

Gleich war ich an der Reihe. Ich überlegte krampfhaft, was ich tun sollte. Ich sah schon vor mir, wie der Pfarrer mich am Hemdkragen packen und laut durch die Kirche rufen würde: „Schaut, da geht einer den Opfergang und gibt nichts!" Und ich sah die vielen Leute vor mir, die sich neugierig die Hälse ausrenkten, weil alle sehen wollten, wer beim Opfergang nichts gibt.
Nein, das durfte nicht passieren! Lieber legte ich den Silberzwanziger vom Anderl auf den Teller, bevor ich mich ausspotten ließ. Ich hatte auch gar keine Zeit mehr, weiter zu überlegen. Ich stand vor dem Altar, daneben der Pfarrer. Da holte ich das Tabakgeld vom Anderl aus dem Hosensack und legte es auf den Opferteller.

Nach der Messe ging ich zum Krämer und holte drei Päckchen Tabak. „Ich bezahle nächsten Sonntag!", sagte ich und lief rasch zur Tür hinaus. Zuhause gab ich dem Anderl seinen Tabak.
„Und was ist mit dem Restgeld?", wollte der Anderl wissen. „Wo sind meine acht Kreuzer?"
Au weia! Daran hatte ich nicht gedacht!
„Die acht Kreuzer sind mein Botenlohn!", erklärte ich.
„Fürs Heimtragen!"
Aber damit war der Anderl gar nicht einverstanden.
Er wollte seine acht Kreuzer wiederhaben.

„Ui, mein Hosensack hat ein Loch! Ich muss das Geld verloren haben!", jammerte ich schließlich.

Doch das war dem Anderl ziemlich egal. „Dann gib mir das Geld ein anderes Mal!", sagte er nur kurz.

Ich seufzte. Wenn der Anderl nur wüsste…

Jetzt hatte ich Schulden bei ihm und Schulden beim Krämer. Wie sollte ich das nur bezahlen?

Und es sollte noch schlimmer kommen.

Nach Neujahr begann die Schule wieder. Eines Tages schickte mich der Lehrer zum Pfarrhof. Ich sollte mich beim Pfarrer melden. Er hätte etwas mit mir zu besprechen.

Mit zitternden Knien stand ich bald darauf vor dem Pfarrer, der mich mit einem strengen Blick musterte.

„Peter, gib mir die Pfeife!", brummte der Pfarrer.

„Die Pfeife?", fragte ich verwundert.

„Ja, die Pfeife!", bestätigte der Pfarrer. „Ich weiß genau, dass du rauchst!

Ich habe deinem Vater noch nichts gesagt und dir eine Strafe erspart. Wenn du mir jetzt die Pfeife gibst und mir versprichst, nie wieder zu rauchen, bleibt es unser Geheimnis!"

„Ich rauche aber gar nicht!", widersprach ich.

Der Pfarrer glaubte mir nicht.

„Jemand hat dich gesehen!"

„Wer?", fragte ich.

„Der Krämer! Du hast selbst Tabak bei ihm gekauft und nicht bezahlt!", erklärte der Pfarrer.

Nun verstand ich. Ich fing an zu lachen und brach gleich danach in Tränen aus. Schluchzend und schniefend erzählte ich dem Pfarrer vom Anderl, der mich um die Besorgung gebeten hatte, davon, dass ich kein Opfergeld hatte, und von meinen Schulden, die ich nie und nimmer bezahlen konnte.

„Dann war der Silberzwanziger von dir?", fragte der Pfarrer erstaunt.

Ich nickte.

„Ich … ich habe mich doch so geschämt, weil ich kein Opfergeld hatte!", beichtete ich.

„Und ich habe mich schon gewundert, wer so viel Geld auf den Opferteller gelegt hat!", lachte der Pfarrer. Mit diesen Worten holte er einen Silberzwanziger aus seiner Geldtasche und drückte ihn mir in die Hand.

Dankbar nahm ich das Geld und bezahlte sofort meine Schulden beim Krämer und beim Anderl. Und eines wusste ich ganz sicher: So schnell wollte ich keine Schulden mehr machen!

Das Christkind von Scharau

Es war schon dunkel an diesem Heiligen Abend. Der Baumbart-Bauer saß in der Stube und las seinem Sohn aus der Bibel vor, wie Josef und Maria auf Herbergssuche waren.

Plötzlich kam seine Frau herein und sagte: „Vor der Tür steht eine Frau! Sicher will sie über Nacht bei uns bleiben!"
Der Baumbart-Bauer seufzte. Gerade an den Festtagen kamen viele Bettler an seinen Hof und hofften auf gutes Essen und ein warmes Zimmer.
„Eine Bettlerin ist es nicht!", meinte die Bäuerin. „Es ist die Plonel, die Apollonia!"
Wieder seufzte der Baumbart-Bauer.
Die Plonel stand in der Küche und hatte sich in ein großes Umhängetuch eingewickelt, das sie vor der Brust zusammenhielt.
„Grüß dich!", sagte der Baumbart-Bauer.
„Grüß dich, Vetter!", antwortete die Plonel.
Das gefiel dem Bauern gar nicht, denn die Plonel war höchstens weitläufig mit ihm verwandt. Über drei Ecken – wenn überhaupt!
Der Bauer bot der Plonel einen Löffel warme Suppe und ein Stück Weihnachtsbrot an. „Raste dich ruhig ein bisschen aus! Hierbleiben kannst

du leider nicht!", erklärte er. „Ich würde dir ja gerne einen Schlafplatz anbieten, aber leider...! Wir haben so viel Besuch, dass kein Platzerl mehr frei ist!"
Das war natürlich gelogen. Aber das wusste die Plonel nicht. Der Baumbart-Bauer war ihr einziger Verwandter und er hatte nichts Besseres zu tun, als sie so schnell wie möglich wieder loszuwerden.

Wenig später klopfte es wieder an der Tür. Es war der Kinigl-Peter, ein großer, schlanker, alter Mann. Einen Beruf hatte der Kinigl-Peter nicht. Mal arbeitete er als Strohdachdecker, dann als Brunnengräber oder als Rattenfänger.
Zu Weihnachten ging der Kinigl-Peter von Haus zu Haus und verdiente sich ein bisschen Geld. Er sang von der Geburt Christi und bekam dafür eine kleine Gabe. Zum Schluss sagte er immer:
„Glück hinein, Unglück hinaus, Gott segne dieses Haus!"

Nun stand der Kinigl-Peter vor dem Baumbart-Hof und erzählte singend die Weihnachtsgeschichte. Der Bauer richtete zwei Silberzehner für den Peter. Doch irgendwie sang er ihm nicht andächtig genug, der Baumbart-Bauer konnte nur den Kopf schütteln. Dann öffnete er seine Hand und zeigte dem Kinigl-Peter die zwei Münzen.
„Schau nur her!", sagte er. „Zwei Zehner wollte ich dir geben. Aber die Weihnachtsgeschichte muss man mit Ehrfurcht singen! Da darf man nicht lachen und spotten wie du! Deshalb bekommst du jetzt nur eine Münze und die andere behalte ich selber!"

Tatsächlich steckte der Baumbart-Bauer einen Zehner wieder zurück in seinen Beutel. Den anderen nahm der Kinigl-Peter und sang seinen Schlussvers:

„So sei dir, Haus, wohl ehrenwert
Des Boten letzter Gruß beschert,
Glück hinein, Unglück hinaus,
Gott …"

Plötzlich brach der Kinigl-Peter ab und sagte: „Und ich wollte dir so gern das Ganze vorsingen, Baumbart-Bauer! Aber jetzt behalte ich es doch lieber selber!"

Mit diesen Worten machte sich der Kinigl-Peter schleunigst aus dem Staub. Da ahnte noch keiner der beiden, dass sie einander noch in derselben Nacht wiedersehen sollten.

Als der Baumbart-Bauer nämlich vom Mitternachtsgottesdienst nach Hause ging, schneite und stürmte es. Er kam an seinem Heustadel vorbei und entdeckte eine lange, hagere Gestalt – es war der Kinigl-Peter!

„Was machst du hier?", fuhr ihn der Bauer an.

„Ach, du bist es, Baumbart-Bauer!", rief der Peter ganz aufgeregt. „Da rennst du bei Nacht und Nebel so weit in die Kirche. Dabei hast du das Christkind auf deinem eigenen Grund und Boden! Da drinnen, in deinem Heustadel liegt es!"

Schnell rannte der Alte davon und ließ einen staunenden Bauern zurück. Und wirklich! In diesem Moment fing ein kleines Kind zu schreien an. Der Baumbart-Bauer ging in die stockfinstere, alte Hütte und folgte dem Geschrei.

„Wer ist da?", fragte er.

„Das sage ich nicht!", erwiderte eine matte Stimme. Der Baumbart-Bauer hatte sie natürlich sofort erkannt. Es war die Plonel! Erschöpft lag sie im Heu und hielt ihr Kind im Arm.

„Warum … warum hast du denn nichts gesagt?", fragte der Bauer tonlos.

„Du hast mich nicht sprechen lassen!", erinnerte ihn die Plonel. „Du konntest mich gar nicht schnell genug wieder loswerden! Mein Mann ist beim Militär, ich bin ganz alleine. Ich wollte vor der Geburt noch einmal meine Verwandten besuchen und jetzt will ich nur mehr meinen Frieden!"

Da kam auch schon der Kinigl-Peter mit seiner Frau zurück. Sie packten die Plonel und das Kindlein warm ein und steckten beide in den großen Buckelkorb. So wollte der Peter sie nach Hause tragen. Als der Baumbart-Bauer das merkte, sagte er spöttisch: „Na, wollt ihr die frommen Hirten aus der Weihnachtsgeschichte spielen? Ich mache das schon! Die Plonel kommt mit zu uns!"

Aber die Plonel dachte gar nicht daran. „Ich bin nur eine arme Magd und gehe lieber mit den Hirten!", erklärte sie und ließ sich mit ihrem Kind vom Kinigl-Peter nach Hause tragen.

Wie ein Lauffeuer sprach sich herum, was in der Heiligen Nacht geschehen war. Viele Leute kamen zu der ärmlichen Hütte vom Kinigl-Peter und brachten Geschenke für die Mutter und das Kind.
Den Peter, auf den viele so hinabgeschaut hatten, konnten sie jetzt gar nicht genug loben.
Und das Kind, übrigens ein Sohn, hieß noch lange das „Christkind von Scharau".

Lebkuchen verzieren

Wenn Lebkuchenduft in der Luft liegt, ist Weihnachten nicht mehr weit! Am besten schmeckt Lebkuchen, wenn er verziert ist!

Das brauchst du:
Eiweiß von zwei Eiern
500 Gramm Puderzucker
ein bisschen Zitronensaft

So wird es gemacht:
Das Eiweiß wird mit dem Mixer schaumig geschlagen. In diese Eiweißmasse wird dann der gesiebte Puderzucker gerührt. Den fertigen Zuckerguss füllst du in einen Spritzbeutel. Natürlich kannst du dir auch aus Backpapier ein Stanitzel basteln oder einen Gefrierbeutel nehmen und eine Ecke aufschneiden (Achtung, nicht zu groß!).
Nimm dir ein Stück Lebkuchen und fahre zum Beispiel mit dem Spritzbeutel die Umrisse nach. Dabei drückst du die Masse leicht heraus. Dazu brauchst du eine ruhige Hand, aber keine Sorge: Übung macht den Meister!
Für farbigen Zuckerguss rührst du Lebensmittelfarbe in die steif geschlagene Eiweißmasse.

Den Zuckerguss kannst du auch als „Kleber" verwenden! Mache einfach ein paar Tupfen auf deinen Lebkuchen und setze – je nach Geschmack – Rosinen, Schokolinsen, kandierte Früchte, Mandeln oder Kandiszucker darauf.

Das Weihnachtssingen

In manchen Gegenden der Alpen gab es das Weihnachtssingen. Das war einer dieser wunderbaren Bräuche, von denen es zur Weihnachtszeit besonders viele gab.

In den Häusern und Höfen der Reichen kam am Heiligen Abend immer ein festliches Christmahl mit einem Dutzend Speisen oder sogar noch mehr auf den Tisch. Oft aßen sich die Leute so satt, dass sie danach gar nicht mehr alleine aufstehen konnten. Aber während die Wohlhabenden mehr als genug hatten und sich ihre Bäuche vollschlagen konnten, gab es in den armen Hütten kaum das Nötigste.

Da versammelten sich die Kinder der Armen und zogen gemeinsam von Haus zu Haus, um für die Bewohner ein Lied vom Christkind zu singen und alles Gute für das neue Jahr zu wünschen.

In den Häusern waren die Weihnachtssänger herzlich willkommen. Alle – vom Hausherren bis zur Magd – liefen zusammen, um zuzuhören. Man freute sich über ihren schönen Gesang und die guten Wünsche.

Als Dankeschön erhielten die jungen Sänger Brot oder auch Geld. Nicht selten wurden sie auch ins Haus gebeten, durften sich wärmen und stärkten sich mit allerlei Köstlichkeiten. Und was sie nicht essen konnten, wurde ihnen eingepackt, damit sie es mit nach Hause nehmen und teilen konnten.

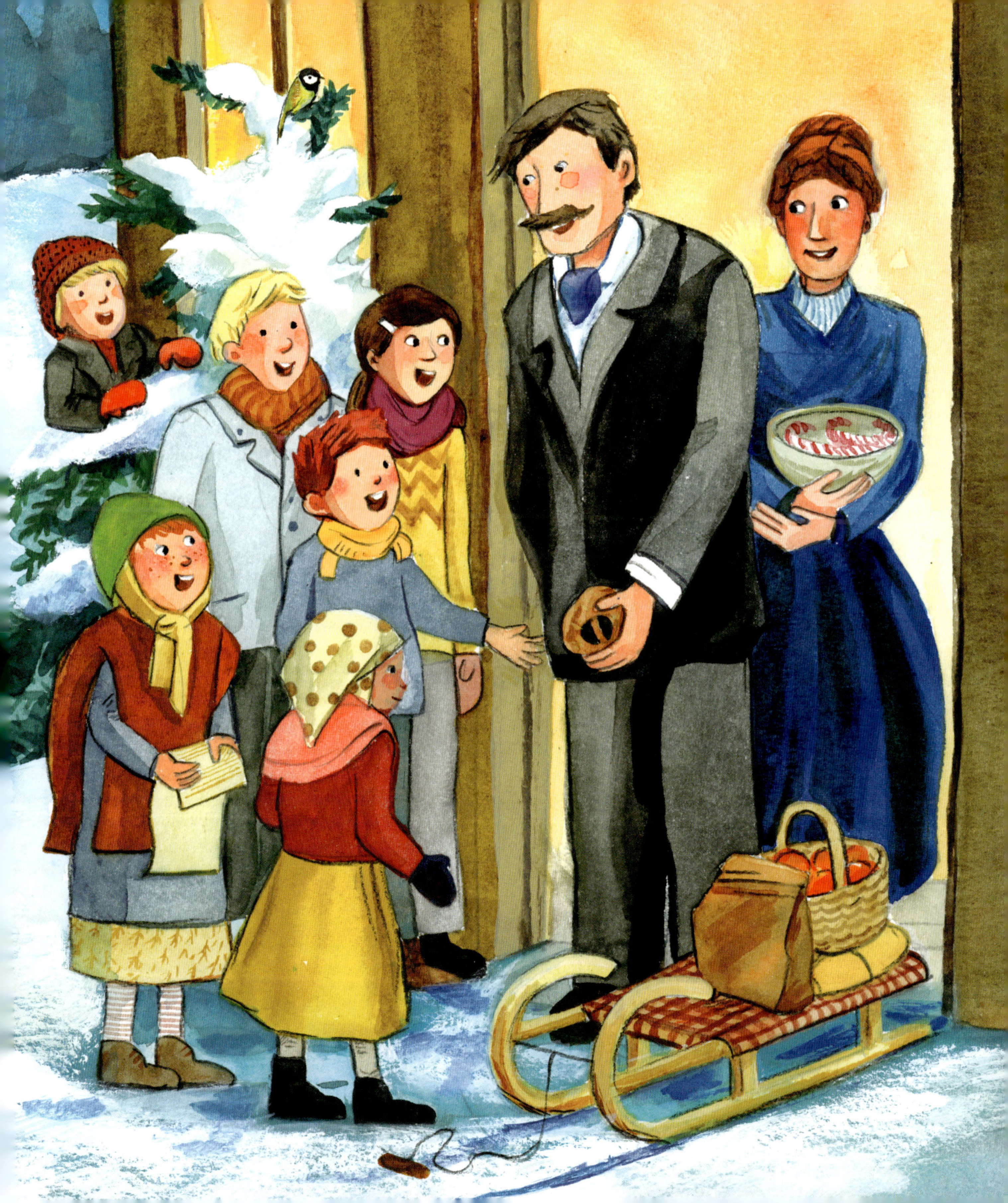

Das Weihnachtslied

(Mein Himmelreich)

Seit Gott erschuf das Reich der Klänge,
Erschallen tausendfach Gesänge
Dem Herzen traut und angenehm.
Doch niemals haben Menschenzungen
So sehr und süß ein Lied gesungen
Als jenes war zu Bethlehem.

Das Lob dem Herrn, so hört ich's schallen,
Und Friede sei den Menschen allen,
Die eines guten Willens sind.
Wohl um den Erdkreis klingt die Kunde
Von jener einzig großen Stunde,
Da uns erschien das Jesukind.

O tönt, ihr Harfen, klingt, Metalle,
O singt, ihr Pfeifen, Kehlen alle:
Dem Herrn die Ehr', dem Menschen Fried'.
Fanfarenstoß, Kanonenbrummen,
Sie werden gänzlich einst verstummen
Vor diesem sanften Gotteslied.

Und wenn des Weihnachtsliedes Mahnen
Wir sind gedenk im heiligen Ahnen,
So wird in neuem Gottesreich
Das Osterlied, Posaunenrufen
Uns grüßen an des Thrones Stufen:
Der Friede, Kinder, sei mit euch!

Der erste Christbaum in der Waldheimat

Als ich das erste Jahr in Graz studierte, fuhr ich in den Weihnachtsferien nach Hause. Ich konnte es gar nicht erwarten, endlich wieder in der Waldheimat zu sein.

Es stürmte und schneite, als ich in den Zug stieg. Ein paar Stationen vor Krieglach blieb die Eisenbahn stecken und ich ging zu Fuß weiter. Sechs Stunden lang wanderte ich bei eisiger Kälte durch das Tal und dann den Bergwald hinauf.

„Da bist du ja!", freute sich die Mutter. Vom ersten Moment an fühlte ich mich wieder zuhause. Die Mutter richtete mir ein Bett auf dem Herd. Die Beine durfte ich nicht zu weit ausstrecken. Sonst hätte ich sie mir an den glühenden Kohlen verbrannt.

Mein jüngster Bruder, der Nickerl, war damals acht Jahre alt. Ihm wollte ich eine ganz besondere Freude machen.

In Graz und in anderen Städten – so hatte man es mir jedenfalls erzählt – feiern die Leute Weihnachten anders als bei uns in der Waldheimat. Sie stellen ein Fichtenbäumchen, also ein richtiges Bäumchen aus dem Wald, auf den Tisch. An die Zweige stecken sie Kerzen und die zünden sie dann an. Ja, sogar Geschenke für die Kinder legen sie unter diesen Baum und dann sagen sie, das Christkind hätte das gebracht. Ich hatte sogar schon Zeichnungen von solchen Christbäumen gesehen.

Jetzt wollte ich dem Nickerl einen Christbaum schenken. Aber alles musste ganz geheim passieren. Das gehörte einfach dazu!

Ganz früh am Morgen schlich ich hinaus in den Wald und holte ein Fichtenbäumchen. In der Hütte versteckte ich es. So würde niemand etwas entdecken.

Dann ging ich nach Sankt Kathrein, um Äpfel und Nüsse zu kaufen. Doch der Kaufmann hatte leider keine. Also ging ich zum Bäcker und kaufte einen Wecken mit Weinbeerln.

Zuhause steckte ich den Christbaum in ein Holzscheit. Heimlich trug ich ihn in das Haus und stellte ihn auf den Tisch.

„Das darf ja nicht wahr sein!", ärgerte ich mich. Ich hatte die Kerzen vergessen! Ein Christbaum ohne Kerzen? Das geht natürlich gar nicht.

Ich borgte mir den Wachsstock von der Mutter und schnitt daraus zehn oder zwölf Kerzen. Die klebte ich an die Äste. Das war gar nicht so einfach. Immer wieder fiel eine herunter und ich musste von vorne beginnen. Ich hatte auch nicht viel Zeit. Jeden Moment konnte jemand in die Stube kommen.

Endlich hatte ich es geschafft! Ich zündete die Kerzen an, versteckte mich schnell und …

Und wartete und wartete und wartete.

Bald hörte ich die Schritte des Vaters. Die Tür ging auf, der Vater und der Nickerl kamen herein.

„Was ist denn das?", fragte der Vater verwundert. Der Nickerl stand mit offenem Mund da und brachte vor Staunen kein Wort heraus.
In seinen Augen spiegelten sich die Christbaumlichter wie Sterne.
„Warst du das, Mutter?", rief der Vater. Die Mutter kam in die Stube und war sprachlos, als sie das schöne Bäumlein sah. Auch die Knechte und Mägde trauten ihren Augen kaum. „Das könnte ein Christbaum sein!", meinte ein Junge, der im Tal zuhause war. Ein Christbaum?
Dann stimmt es also und die Engel bringen solche Bäumlein vom Himmel in die Stuben?
Ich kam aus meinem Versteck und nahm den Nickerl an der Hand.
Zuerst wollte er gar nicht mit mir gehen. „Hab keine Angst, lieber Bruder!", sagte ich. „Das Christkind hat dir einen Christbaum gebracht!"
Jetzt lachte der Nickerl vor lauter Begeisterung. Er faltete seine Hände wie in der Kirche und ging noch näher an das Bäumlein heran.
Selig stand er nun davor und freute sich.
„Zu Weihnachten gehört die Krippe auf den Tisch und kein Baum!", brummte die alte Magd.
„Das ist halt jetzt die neue Mode!", erklärte der Bub aus dem Tal. „Auch im Mürztal haben sie schon Christbäume! Geschmückt sind die sogar! Und für jeden liegt ein Geschenk darunter!"
Auch der Nickerl entdeckte sein Geschenk, den Wecken. An dem knabberte er noch die nächsten drei Tage. Nur die Weinbeerln, die hielten es nicht so lange. Die aß der Nickerl schon am ersten Tag.
Den Christbaum ließ er auf die Leiste über seinem Bett stellen.
Und da stand er lange! Bis er kahl und leer war.

Der Christbaum

Christbäume werden in Europa schon seit über 500 Jahren geschmückt. In Österreich ist der Brauch aber noch recht jung.

Im Jahr 1816 brachte Henriette von Nassau-Weilburg, die Ehefrau von Erzherzog Karl, den ersten Christbaum nach Österreich. In ihrer Heimat war es Brauch, den Baum mit 12 Kerzen zu schmücken (eine Kerze für jeden Monat). Und weil die kaiserliche Familie damals eine große Vorbildwirkung hatte, stellten bald immer mehr und mehr Menschen einen Christbaum auf. Allerdings konnten sich nur die reicheren Schichten Christbäume leisten.

Heute werden in Österreich jedes Jahr über 2 Millionen Christbäume aufgestellt. Besonders beliebt sind Tannen. Die Bäume werden mit Kugeln, Lametta, Figuren, Sternen und Süßigkeiten geschmückt. Der typisch steirische Christbaumschmuck besteht aus Kerzen, roten Äpfeln, vergoldeten Nüssen und Strohsternen.

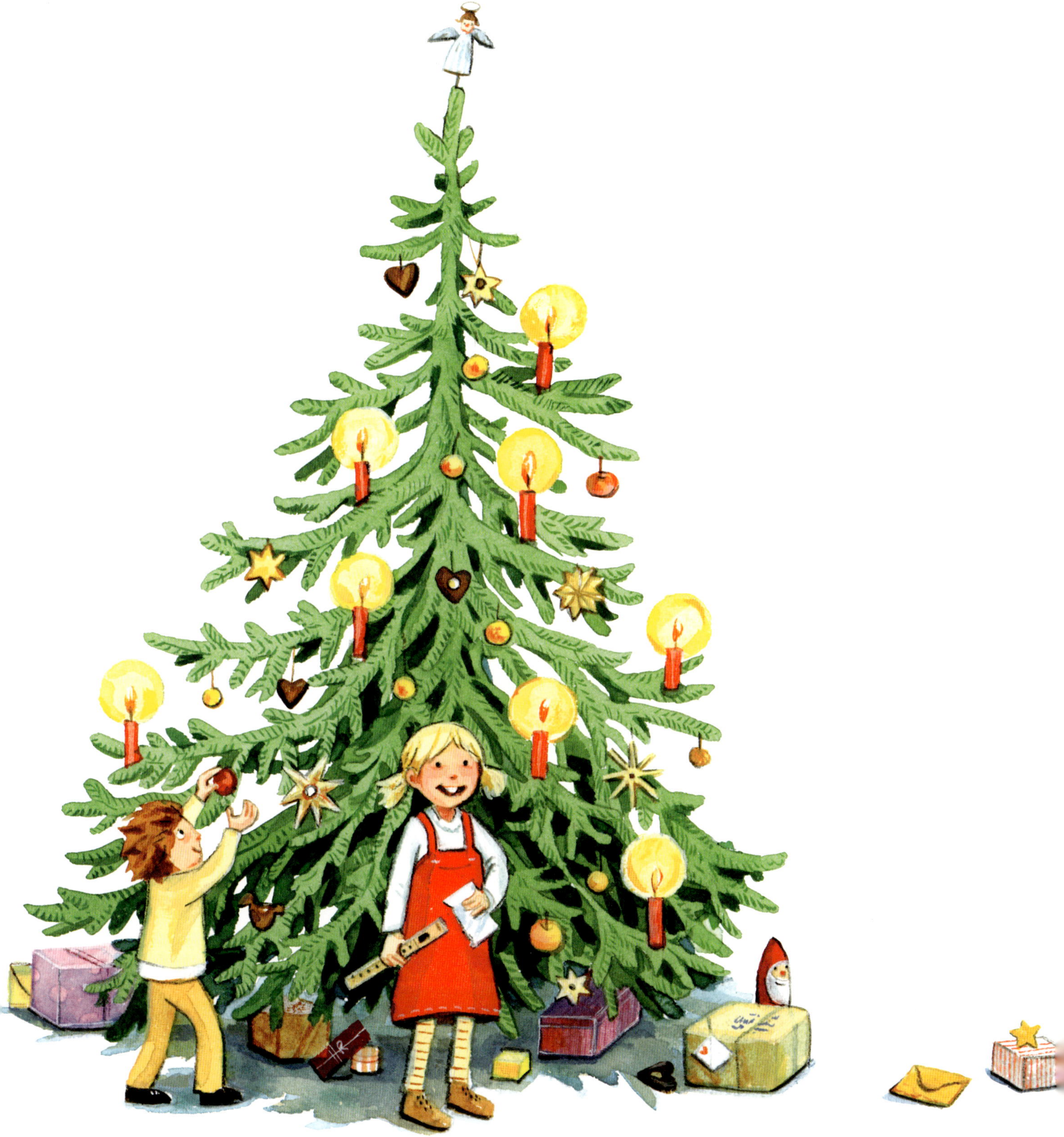

Christfest im Waldschulhaus

Auch zur Weihnachtszeit im Jahr 1903 kehrte ich
nach Hause zurück. Mit Schlitten fuhren wir
durch das Mürztal.

Im Waldschulhaus hatten sich Kinder, Eltern und Verwandte
versammelt. Gäste aus Graz, dem Mürztal und sogar dreißig Personen
vom Österreichischen Touristenklub aus Wien waren gekommen.
Sie hatten den Kindern einen Weihnachtsbaum mitgebracht.
Die Schulstube war viel zu klein für so viele Leute. Der Tannenbaum
stand geschmückt mitten im Zimmer und seine Lichter strahlten.

Es begann ein wunderbarer Gottesdienst. Die Kinder trugen Gedichte vor und hatten kleine Einlagen einstudiert. Natürlich wurde auch gesungen.

Der Präsident des Österreichischen Touristenklubs war ganz begeistert. Er hatte für alle 31 Kinder Geschenke mitgebracht. Für jeden Buben gab es einen Steireranzug, für jedes Mädchen ein Kleid. Aber das war noch lange nicht alles. Auch Schuhe, Wäsche, Strümpfe, Hauben und Hüte wurden verteilt, genauso wie Bücher, Geigen und Nähkästchen.

Es war so viel, ich konnte mir gar nicht alles merken.

Aber eines weiß ich noch ganz genau! Die Augen der Kinder strahlten mindestens so hell wie die Kerzen am Christbaum!

Zum Weihnachtsbaum

Nach einem Gedicht von Peter Rosegger

Im Herbst schmückten alle Bäume sich mit ihrem schönsten, buntesten Kleid. Stolz trugen die Äste ihre süße Last: Äpfel, Birnen und Zwetschken.

Alles war friedlich. Oder doch nicht?
„Ich bin der schönste Baum!", sagte der Apfelbaum.
„Das stimmt doch nicht! Ich bin viel schöner!", erwiderte der Zwetschkenbaum.
Der Birnbaum brach in schallendes Gelächter aus. „Dann hast du mich noch nicht gesehen!"
Die Bäume strengten sich sehr an. Sie ließen die besten und schönsten Früchte wachsen und hängten sie stolz an ihre längsten Äste. Jeder sollte sehen, wer der schönste war.
So protzten und prahlten die Bäume um die Wette.

Nur ein Bäumchen verhielt sich ganz still und leise. Es war das Tannenbäumchen.

Das stand klein und schmächtig mitten im großen Wald und wunderte sich über die Angeberei. Aber was hatte es auch schon zu bieten? Wo bei den anderen leckere Früchte wuchsen, hatte es nur Nadeln. Spitze, scharfe Nadeln.

Die anderen Bäume machten sich über das Tannenbäumchen lustig. Ein Taugenichts sei es, lachten sie. Wozu sollte ein Tannenbäumchen – so ganz ohne buntes Laub und süße Früchte – gut sein?

Da kam ein Engel vom Himmel herab und sagte zu dem Tannenbäumchen: „Du wirst die schönste Frucht tragen, die jemals ein Baum getragen hat! Du wirst der Baum sein, der allen große Freude bringt!"

Plötzlich wurde der Himmel düster und grau. Der kalte Wind rüttelte an den Bäumen und schüttelte sie, bis auch die letzte Frucht von den Ästen gefallen war. Bald standen die angeberischen Bäume ohne Laub und Früchte da.

Nur das Tannenbäumchen trug noch immer sein grünes Kleid.

So, als wäre gerade der schönste Frühlingstag.

In der Heiligen Nacht schwebten die Engel vom Himmel herab und trugen das kleine, strahlende Tannenbäumchen durch die Dunkelheit. Und der Engel hatte recht gehabt! Es war das schönste, das allerschönste Bäumchen, das man jemals gesehen hat.

Strohsterne basteln

Du brauchst:
4 Strohhalme pro Stern
weißen Zwirn
Schere

Und so geht's:
Zuerst halbierst du zwei Strohhalme. Lege nun zwei Hälften zu einem Kreuz zusammen. Die Halme drückst du in der Mitte, wo sie aufeinanderliegen, flach. Dasselbe machst du mit den beiden anderen Hälften.

Lege die beiden Kreuze nun – natürlich versetzt – übereinander. Halte sie mit Zeigefinger und Daumen der linken Hand (Linkshänder nehmen die rechte Hand) am Mittelpunkt fest. Mit der anderen Hand wickelst du dann einen Zwirnfaden um die Halme, einmal über, einmal unter den Halmen, bis du einmal rundherum bist.

Die Fadenenden knotest du dann zusammen.
Schneide die überstehenden Fäden ab.
Schräge nun noch die Spitzen des Sterns ab, indem du die Enden schräg abschneidest.

Ein einfacher Strohstern
ist jetzt schon fertig.

Wenn du einen Doppelstern haben möchtest, fertige noch einen Stern an und lege die beiden Sterne versetzt übereinander.
Mit einem Faden fixierst du nun beide Sterne miteinander.
Führe ihn wieder abwechselnd über und unter den Halmen hindurch.
Mach einen Doppelknoten, damit alles gut hält.

Damit du den Strohstern aufhängen kannst, binde noch einen Faden an.
Schon hast du einen schönen Schmuck für euren Christbaum.

Weihnacht in Winkelsteg

Der Heilige Abend ist eine ganz besondere Nacht. An keinem anderen Tag spürt man so viel Liebe. Friede und Stille kehren in die Häuser und die Herzen ein. Überall auf der ganzen Welt läuten die Glocken. Kerzen und Lichter brennen und strahlen in der Dunkelheit wie Sterne.
Auch in unserer Kirche ist es hell wie am Tag. Von überall her kommen die Menschen und freuen sich über die Geburt Christi.

In dieser Christnacht sitze ich an der Orgel. Der Pfarrer stimmt gerade das Loblied an und ich ziehe, weil es so ein wichtiges, schönes Fest ist, alle sechs Stimmzüge der Orgel auf. Plötzlich gibt es einen lauten Knall. Der Blasebalg platzt! Fauchend entweicht die Luft aus der Orgel. Dann ist es still. Mucksmäuschenstill.
Verzweifelt drücke ich die Tasten. Aber die Orgel gibt keinen einzigen Ton mehr von sich. In meinem ganzen Leben war mir noch nie etwas so unangenehm. Die Kirche ist voll mit Menschen. Ich bin der Schulmeister und der Choraufseher. Ich muss Musik machen! Alle warten, dass ich endlich zu spielen beginne. Denn erst die Musik macht aus der Messe ein Fest. Ohne Musik ist es keine Christnacht, kein Weihnachten!
Und ausgerechnet an einem solch wichtigen Tag, am wichtigsten Tag überhaupt, muss so etwas passieren!
Angestrengt drücke ich sämtliche Tasten und Knöpfe, doch nichts rührt sich. Am liebsten hätte ich mich in ein Mauseloch verkrochen.
Auch die Leute, die bei mir oben am Chor sitzen, werden langsam

nervös. Der Holzer Paul, seine Frau und die Adelheid von der Schwarzhütte räuspern sich und fangen an zu singen. „Herrgott, dich loben wir all!"
Mir fällt ein Stein von Herzen. Ach, was sage ich? Ein ganzer Felsen! Ein Lied lang habe ich nun Zeit, mir etwas einfallen zu lassen. Aber was? Fieberhaft denke ich nach.
Da stürmt der alte Rüpel die Treppe zum Chor hinauf.
„Schulmeister! Wenn die Orgel kaputt ist, spiel auf der Geige!", sagte er.
„Die Geige wird gerade in Holdenschlag repariert!", antworte ich verzweifelt.
„So nimm halt die Zither!", schlägt der alte Rüpel vor.
Die Zither? Natürlich!
Erleichtert falle ich dem Rüpel um den Hals und umarmte ihn stürmisch.
Damit hat er nicht gerechnet, denn er steht da wie anwurzelt.
Dann laufe ich schnell los und hole die Zither.
Gerade rechtzeitig zum Hochamt komme ich zurück und beginne zu spielen.

Die Leute unten in der Kirche wundern sich. Sie schauen einander fragend an. Einige zucken ratlos mit den Schultern, andere drehen sich um, um einen Blick auf den Chor zu werfen. Auch der Pfarrer hält kurz inne und schaut erstaunt hinauf zum Chor.

Ich spiele auf der Zither ein Wiegenlied für das Jesulein, ein Wanderlied für die Flucht nach Ägypten.
Natürlich spiele ich auch den Messgesang und dann noch die Lieder, die meine Mutter so gern gesungen hat. Oder mein Ziehvater, der gute Schirmmacher.

Ich bin so glücklich und erleichtert, dass ich gar nicht mehr aufhören möchte zu spielen.
Ehrlich gesagt, weiß ich selbst nicht ganz genau, was ich den Leuten in der Kirche und dem lieben Christkind in dieser heiligen Nacht alles vorgespielt habe.

Wünsche zum neuen Jahr

Ein bisschen mehr Friede und weniger Streit
Ein bisschen mehr Güte und weniger Neid
Ein bisschen mehr Liebe und weniger Hass
Ein bisschen mehr Wahrheit – das wäre was.

Statt so viel Unrast ein bisschen mehr Ruh
Statt immer nur Ich ein bisschen mehr Du
Statt Angst und Hemmung ein bisschen mehr Mut
Und Kraft zum Handeln – das wäre gut.

In Trübsal und Dunkel ein bisschen mehr Licht
Kein quälend Verlangen, ein bisschen Verzicht
Und viel mehr Blumen, so lange es geht
Nicht erst an Gräbern – da blühn sie zu spät.

Ziel sei der Friede des Herzens
Besseres weiß ich nicht.

Über Peter Rosegger

Peter Rosegger wurde am 31. Juli 1843 in Alpl, Steiermark geboren. Er war das älteste von sieben Kinder seiner Eltern, dem Waldbauern Lorenz Roßegger und seiner Ehefrau Maria. Peter änderte die Schreibweise seines Nachnamens Roßegger in Rosegger, als seine ersten Werke veröffentlicht wurden. Alleine in seiner Heimatgemeinde gab es nämlich fünf Peter Roßegger und es sollte keine Verwechslungen geben.

In Alpl gab es keinen Schulzwang. Viele Menschen konnten weder lesen noch schreiben. Die armen Alpler Bauern nahmen den ehemaligen Schulmeister Michael Patterer auf. Er unterrichtete die Kinder für Unterkunft, Kost und ein kleines Taschengeld. So lernte auch Peter lesen und es wurde schnell zu seiner liebsten Beschäftigung.

Eigentlich sollte Peter Rosegger Bauer werden. Aber dafür war er körperlich zu schwach. Seine Eltern wollten, dass er Pfarrer werde. Aber das Studium konnten sich die armen Waldbauern nicht leisten. Als 17-Jähriger machte er eine Schneiderlehre und zog mit seinem Meister von Hof zu Hof. So lernte er Land und Leute kennen. Schon in der Lehrzeit verfasste Rosegger seine ersten Werke.

Dr. Alfred Svoboda, Chefredakteur der Grazer Tagespost, wurde auf Roseggers

Talent aufmerksam und veröffentlichte seine Texte. Mit weiteren Förderern ermöglichte er dem Waldbauernbuben auch den Besuch einer Akademie.
1869 wurden Peter Roseggers erstes Buch, der Gedichtband „Zither und Hackbrett" veröffentlicht. Er schrieb vor allem über die einfachen Leute, ihre Sorgen und Nöte und ihr Brauchtum. Außerdem berichtete er sehr humorvoll über Erlebnisse aus seiner Kindheit.
Peter Rosegger heiratete 1873 Anna Pichler, die Tochter eines Grazer Hutfabrikanten. Die beiden hatten zwei Kinder, Josef und Anna. Kurz nach der Geburt der Tochter verstarb Roseggers Frau.
Damals war Rosegger schon ein bekannter Dichter und verdiente gutes Geld mit seinen Veröffentlichungen. Auf Lesereisen durch Deutschland und Österreich präsentierte er seine Bücher.
1879 heiratete er Anna Knaur, die ihm die Kinder Hans Ludwig, Margarete und Martha schenkte.
Peter Rosegger starb am 26. Juni 1918 im Alter von 74 Jahren.
Zahlreiche Denkmäler, Museen, Gedenkstätten und nach ihm benannte Straßen erinnern noch heute an den großen Heimatdichter.
Peter Rosegger wurde sogar zweimal für den Literaturnobelpreis nominiert und erhielt zahlreiche Auszeichnungen. Insgesamt erschienen 43 Bände, die in über 20 Sprachen übersetzt wurden. Mit 15 Millionen verkauften Büchern ist der „Steirerbua" neben Jules Vernes der meist gelesene Autor seiner Zeit.

Zu seinen bekanntesten Werken zählen:
„Die Schriften des Waldschulmeisters", „Waldheimat"-Bände, „Geschichten aus den Alpen", „Als ich noch der Waldbauernbub war".

Die schönsten Christkind-Bücher

ISBN 978-3-7074-1868-2

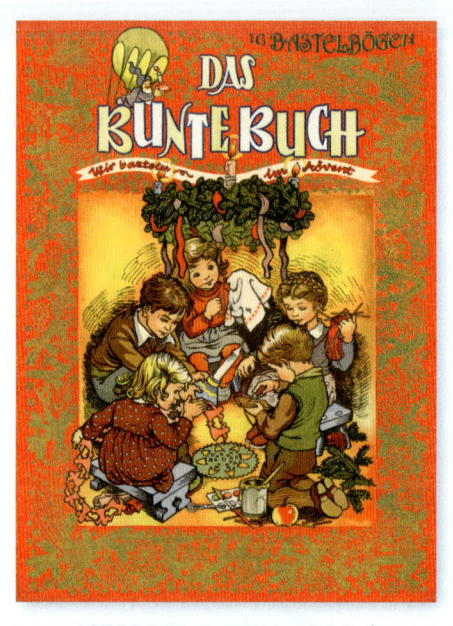

ISBN 978-3-7074-1911-5
Bastelbögen

ISBN 978-3-7074-1574-2

ISBN 978-3-7074-1655-8

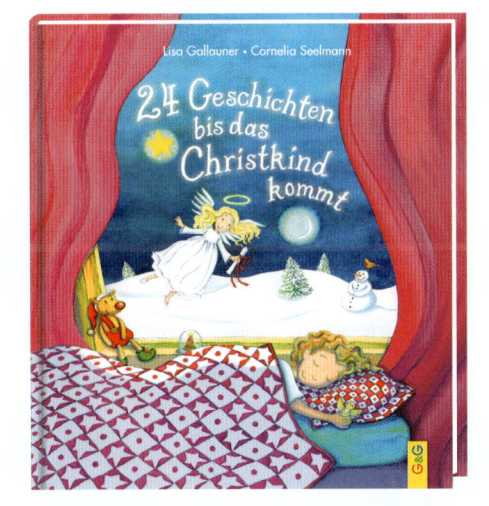

ISBN 978-3-7074-1869-9

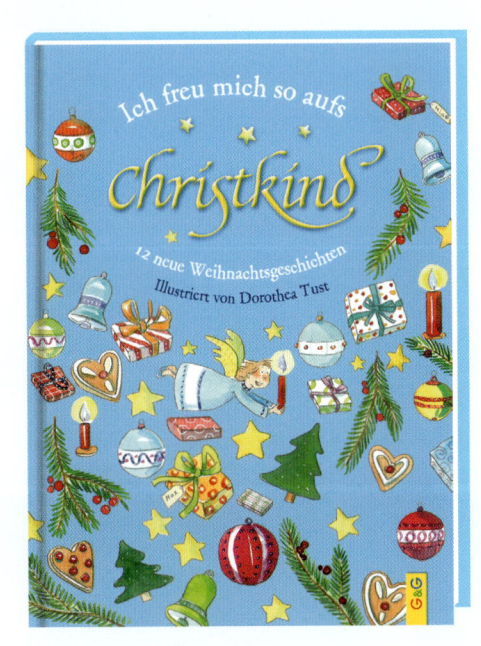

ISBN 978-3-7074-1674-9

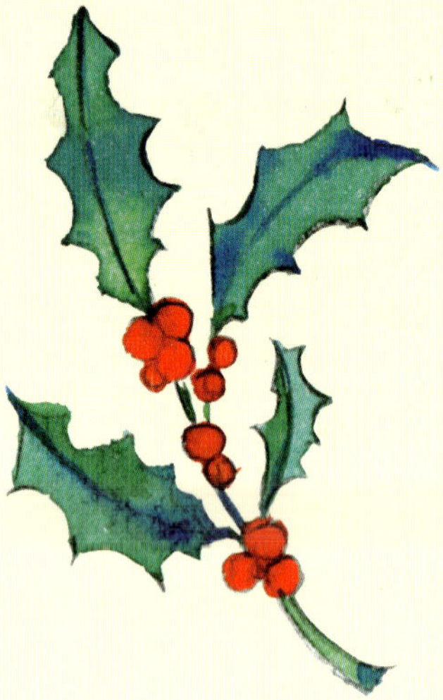
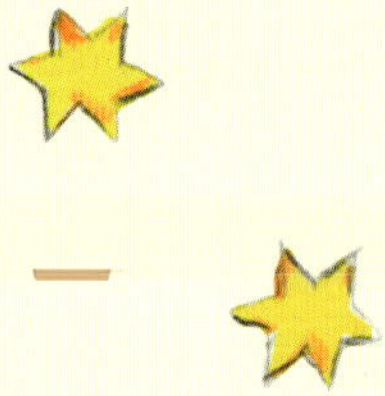
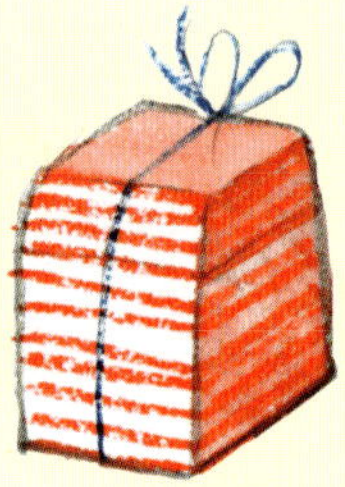
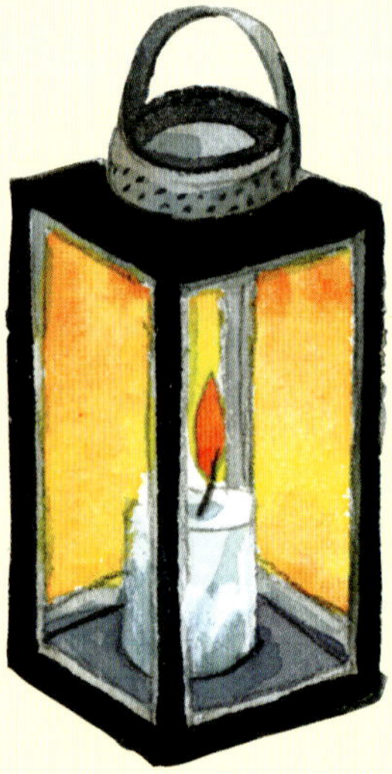
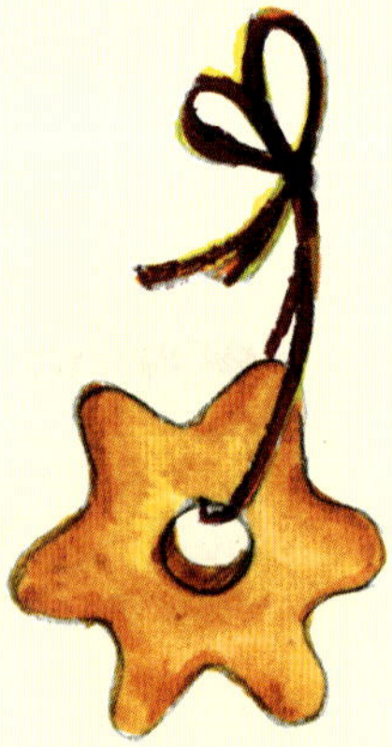
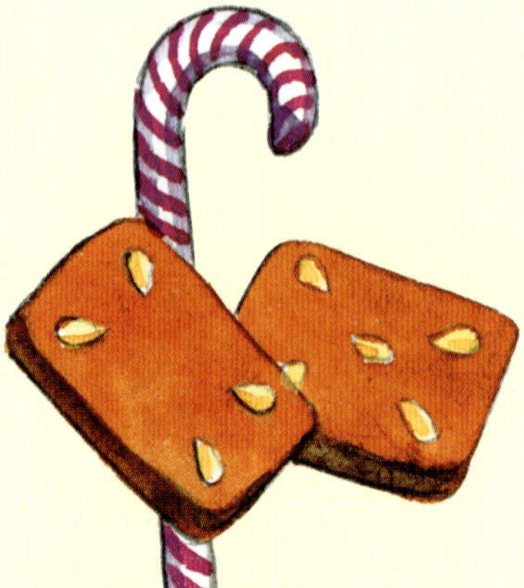
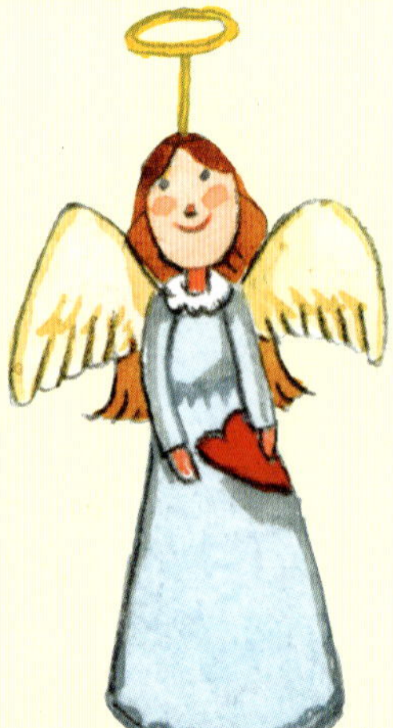